제직 바로 세우기

제직 바로세우기

초판 3쇄 발행 이후(2013. 12. 10)
개정판 1쇄 인쇄 | 2022. 12. 30
지은이 | 신현수
펴낸이 | 정신일
펴낸곳 | 크리스천리더
편 집 | 권상아
교 정 | 이주련
일부총판 | 생명의 말씀사 (02) 3159-7979
등 록 | 제 2-2727호(1999. 9. 30)
주 소 | 부천시 원미구 중동 1289번지 팰리스카운티
　　　　아이파크상가 5층
전 화 | (032) 342-1979
팩 스 | (032) 343-3567
도서출간상담 | E-mail:chmbit@hanmail.net
homepage | cjesus.co.kr

ISBN : 978-89-6594-352-5　03230

정가:8,000원

저자와의 협약 아래 인지는 생략되었습니다.
이 출판물은 저작권법에 의해 보호받는 창작물이므로, 무단 복제와 무단전재를 할 수 없습니다.

■ 잘못된 책은 구입하신 곳에서 바꿔드립니다.

교회 성장의 뿌리를 더 깊고 견고하게 하는 제직을 위한 8주 훈련

교회를 섬기는 리더

제직 바로 세우기
Just build the church officers

신현수 목사

제직, 교회의 기둥입니다.

CLS 크리스천리더

머릿말

제직이란 충성스럽고 헌신적인 봉사와 사랑으로 성도를 섬기고 교회를 세우는 주님의 일꾼을 가리킨다. 충성스러운 제직이 되기 위해서는 그에 관한 집중적인 훈련을 받아야 하며, 그 후에는 헌신적인 사역을 통해 하나님과 사람에게 칭찬 듣는 것은 물론, 교회에 유익을 주어야 한다.

  그리스도를 머리로 한 각 지체들이 모여 하나님을 위해 봉사하는 곳이 교회라고 할 때 제직이 먼저 봉사자로서 올바른 신앙의 자세를 가지고 있지 않으면 교회에 유익을 주기는커녕 오히려 많은 해를 끼치게 된다.

따라서 제직은 사명을 감당하기 전에 주님과 올바른 관계를 맺는 것을 최우선으로 여겨야 한다.
"나는 포도나무요 너희는 가지니"라고 하신 말씀처럼 제직이 먼저 주님과 깊은 교제를 통해 연결되어 있는 상태에서 교육과 훈련을 받아야 참된 제자도 될 수 있고 일꾼으로서의 사명도 다할 수 있게 되는 것이다.

교회를 세우신 분도 주님이시고 성장·확장시키는 분도 주님이시다. 또한 그 교회를 위해 사명을 부여해 주시는 분도 주님이시다.

장로, 권사, 집사로서 사명을 부여받은 일꾼들은 자신의 사명을 충성스럽게 잘 감당하기 위해 지속적인 훈련을 통해 끊임없이 자신을 다듬어가며 사명을 재확인해야 한다. 그러한 과정을 통해 하나님과 사람에게 인정받을 만한 충성스러운 일꾼으로 서게 되는 것이다.

아무쪼록 이 교재가 각 교회와 제직들이 성경적인 올바른 일꾼으로 서는 데 작은 밑거름이 되길 바란다.

포커스 M 사역원 연구실에서 신현수 목사

이 교재의 특징

교회 성장의 뿌리를 더 깊고 견고하게 하는 제직 8주 훈련 코스

이 교재는 제직으로서 성경적인 올바른 마음가짐과 행동으로 사역을 감당하게 하고자 기획된 8주간의 제직 훈련 교재입니다. 이 교재를 통해 주님이 세워주신 제직으로서의 소명이 무엇인지, 그리고 어떻게 그 직분을 감당해야 할지를 배우게 될 것입니다.

1. 총 8주 과정으로 제직의 정체성, 제직의 신앙생활, 제직의 영성, 제직의 리더쉽, 제직의 기도생활, 제직의 전도생활, 제직의 신앙생활, 이단에 빠지지 않는 신앙생활 등을 성경적으로 살필 것입니다.

2. 과정 중에 |말씀 살피기|는 반복적으로 읽거나 암기하게 합니다. 각 과의 마지막에 있는 |은혜 나누기|는 공부한 과에 대해 서로 나눔을 가져 실천을 다짐하게 합니다. |다짐하기|는 한 과를 마무리함으로 받은 은혜와 실천할 내용을 기록하게 합니다.

3. 인도자 교재는 별도로 없으며 교재 뒷부분에 정답이 있습니다.

인도자와 제직 교육자를 위한 조언

1. 가능하면 담임 목사가 직접 교육하도록 하십시오. 부득불 위임할 경우 지도자는 반드시 담임목사나 담당 교역자에게 지도 받은 뒤 교육하십시오.

2. 기도하며 교육에 임하십시오.

3. 본문의 내용을 충분히 이해하는 것은 물론 본문에 나오는 성경구절은 반드시 읽고 묵상하십시오.

4. 가급적 주 1회 1시간 정도로 교육하십시오.

Contents

머리말 · *4*

제직 바로 세우기 교재의 특징 · *6*

1과 제직의 정체성, 말꾼이 아닌 일꾼이 되라 · *8*

2과 제직의 신앙생활, 교회 밖의 신자가 되라 · *16*

3과 제직의 영성, 삶에 뿌리박은 영성을 키우라 · *30*

4과 제직의 리더쉽, 사람을 온전히 섬겨라 · *42*

5과 제직의 기도생활, 은밀하게 골방에서 기도하라 · *54*

6과 제직의 전도생활, 5분 복음 제시로 승부하라 · *69*

7과 교회의 갈등, 십자가의 사랑으로 극복하라 · *104*

8과 평생 이단에 빠지지 않는 참된 신앙 · *110*

정답 · *132*

전도에 도움이 되는 성경구절 · *135*

1과 제직의 정체성,
　　말꾼이 아닌 일꾼이 되라

1. 제직이란 누구인가?

말씀 살피기 |

너는 진리의 말씀을 옳게 분별하며 부끄러울 것이 없는 일꾼으로 인정된 자로 자신을 하나님 앞에 드리기를 힘쓰라(딤후 2:15)

'시중드는 사람, 하인, 봉사자, 동역자, 섬기는 사람'

1) 제직은 _____이다.

말씀 살피기 |

인자가 온 것은 섬김을 받으려 함이 아니라 도리어 섬기려 하고 자기 목숨을 많은 사람의 대속물로 주려 함이니라(막 10:45)

교회의 봉사 원리와 근본 정신은 큰 자가 작은 자를, 강한 자가 약한 자를 섬기는 것이다.

2) 제직은 _____ 이다.

말씀 살피기 |

이 복음을 위하여 그의 능력이 역사하시는 대로 내게 주신 하나님의 은혜의 선물을 따라 내가 일꾼이 되었노라(엡 3:7)

이와 같이 우리와 함께 종 된 사랑하는 에바브라에게 너희가 배웠나니 그는 너희를 위한 그리스도의 신실한 일꾼이요(골 1:7)

사람이 마땅히 우리를 그리스도의 일꾼이요 하나님의 비밀을 맡은 자로 여길지어다(고전 4:1)

네가 이것으로 형제를 깨우치면 그리스도 예수의 좋은 일꾼이 되어 믿음의 말씀과 네가 따르는 좋은 교훈으로 양육을 받으리라(딤전 4:6)

❶ 형제를 깨우쳐라.
❷ 그리스도 예수의 좋은 일꾼이 되라.
❸ 믿음의 말씀과 좋은 교훈으로 양육을 받으라.

3) 제직은 _____ 이다.

말씀 살피기 |

그런즉 아볼로는 무엇이며 바울은 무엇이냐 그들은 주께서 각각 주신 대로 너희로 하여금 믿게 한 사역자들이니라(고전 3:5)

하나님 나라에도 평신도 사역자가 반드시 필요하다. 하나님은 지금도 하나님의 뜻을 깨닫고 일터에서, 거리에서, 가정에서, 땅끝에서 복음 증거 하는 일에 전 생애를 바칠 복음의 일꾼(복음의 달인)을 찾으신다.

4) 제직은 _____ 이다.

말씀 살피기 |

42 주께서 이르시되 지혜 있고 진실한 청지기가 되어 주인에게 그 집 종들을 맡아 때를 따라 양식을 나누어 줄 자가 누구냐 43 주인이 이를 때에 그 종이 그렇게 하는 것을 보면 그 종은 복이 있으리로다 44 내가 참으로 너희에게 이르노니 주인이 그 모든 소유를 그에게 맡기리라 45 만일 그 종이 마음에 생각하기를 주인이 더디 오리라 하여 남녀 종들을 때리며 먹고 마시고 취하게 되면 46 생각하지 않은 날 알지 못하는 시각에 그 종의 주인이 이르러 엄히 때리고 신실하지 아니한 자의 받는 벌에 처하리니 47 주인의 뜻을 알고도 준비하지 아니하고 그 뜻대로 행하지 아니한 종은 많이 맞을 것이요 48 알지 못하고 맞을 일을 행한 종은 적게 맞으리라 무릇 많이 받은 자에게는 많이 요구할 것이요 많이 맡은 자에게는 많이 달라 할 것이니라(눅 12:42~48)

첫째, 청지기는 ①_____을 받은 자이다(42절).

둘째, 청지기는 주인의 소유물을 지키고 ②_____이다(44절).

셋째, 청지기는 사도들로부터 전수되어 온 복음을 수호할 뿐 아니라 올바로 ③_____할 의무가 있다(47절).

넷째, 청지기는 ④ _____이어야 한다.

"모든 것이 하나님께 달려 있는 것처럼 기도하고, 모든 것이 당신에게 달려 있는 것처럼 일하라." - 마르틴 루터

2. 제직의 자질은 무엇인가?

말씀 살피기 |

형제들아 너희 가운데서 성령과 지혜가 충만하여 칭찬 받는 사람 일곱을 택하라 우리가 이 일을 그들에게 맡기고(행 6:3)

직분자란 하나님으로부터 책임을 부탁 받고 선택받은 사람으로, 교회를 위해 성실히 일하고(먼지를 일으킴), 교회를 섬기며(봉사), 성도들의 필요를 채워주기 위해 돌보고(시중듦), 교회를 세우기 위하여 사역하는 사람을 뜻한다.

1) _____한 사람이다.

개인의 능력, 학식, 경력, 배경 등은 직분자의 자격과 아무 상관이 없다. 제직이 되기 위한 첫 번째 자격은 성령 충만한 사람이다. 성령 충만하다는 것은 다른 사람보다 성령을 더 많이

받았다는 것을 의미하는 것이 아니라 자신을 성령께 전적으로 맡겼다는 것을 뜻한다.

2) _____가 충만한 사람이다.

제아무리 열정적이어도 지혜가 없으면(분별력이 없으면) 하나님의 일을 제대로 할 수가 없다. 자신이 설 자리인지 앉을 자리인지, 해야 할 말인지 참아야 될 말인지, 상황과 장소에 따라 어떻게 해야 하는지를 아는 사람이다.

3) 교회의 형제들에게 _____받는 사람이다.

고넬료(행 10:22), 디모데(행 16:2), 뵈뵈(롬 16:2), 브리스가와 아굴라(롬 16:4) 등 성경에 등장하는 많은 주님의 일꾼들은 모두 칭찬을 받은 사람들이었다.

3. 제직을 세우는 이유는 무엇인가?

1) 목회자의 _____가 되기 위해서이다.

말씀 살피기 |

그들이 조반 먹은 후에 예수께서 시몬 베드로에게 이르시되 요한의 아들 시몬아 네가 이 사람들보다 나를 더 사랑하느냐 하시니 이르되 주님 그러하나이다 내가 주님을 사랑하는 줄 주님께서 아시나이다 이르시되 내 어린 양을 먹이라 하시고 (요 21:15)

목회자에게는 좋은 동역자를 만나고 세우는 것이 정말 중요한 일이다. 제직은 목사님을 돕는 파트너로서 동역하는 마음을 가져야 한다.

2) 교회를 _____위해서이다.

말씀 살피기 |

1 그때에 제자가 더 많아졌는데 헬라파 유대인들이 자기의 과부들이 매일의 구제에 빠지므로 히브리파 사람을 원망하니 2 열두 사도가 모든 제자를 불러 이르되 우리가 하나님의 말씀을 제쳐 놓고 접대를 일삼는 것이 마땅하지 아니하니 3 형제들아 너희 가운데서 성령과 지혜가 충만하여 칭찬 받는 사람 일곱을 택하라 우리가 이 일을 그들에게 맡기고 4 우리는 오로지 기도하는 일과 말씀 사역에 힘쓰리라 하니(행 6:1~4)

사도들이 기도와 말씀 사역 외의 교회의 여러 사역에도 관여하다 보니 사역에 비효율성이 발생했다. 이러한 문제들을 해결하기 위해 사도들은 직분자들을 세워야 했던 것이다.

3) 세포 조직의 _____과 같은 역할을 맡기기 위해서이다.

말씀 살피기 |
28 우리가 그를 전파하여 각 사람을 권하고 모든 지혜로 각 사람을 가르침은 각 사람을 그리스도 안에서 완전한 자로 세우려 함이니 29 이를 위하여 나도 내 속에서 능력으로 역사하시는 이의 역사를 따라 힘을 다하여 수고하노라 (골 1:28~29)

세포의 중심에는 핵이 있다. 그 핵은 세포를 이끌어 나가는 생명이다. 세포의 분열은 핵의 분열로 되는 것이고, 핵이 소멸되면 세포는 자동적으로 소멸이 되고 만다. 직분자는 바로 세포의 핵과 같은 역할을 감당하도록 세워진 것이다.

| 은혜 나누기 |

1. 이 과를 통해 가장 마음에 와닿는 말씀은 무엇입니까?

2. 그 말씀을 붙잡고 어떻게 실천할 것입니까?

3. 다 함께 은혜의 말씀과 실천해야 할 일을 위해 기도합시다.

| 다짐하기 |

2과 제직의 신앙생활, 교회 밖의 신자가 되라

1. 믿음의 네 종류는 무엇인가?

말씀 살피기 |

예수께서 이르시되 딸아 네 믿음이 너를 구원하였으니 평안히 가라 하시더라(눅 8:48)

1) _____ 안 믿음(believe nothing)

2) _____ 믿음(believe anything)

3) _____ 믿음(believe wrong things)

4) _____ 믿음(believe right things)

바르게 믿는 것이 중요하다. 마찬가지로 직분자가 되었다는 것이 중요한 것이 아니라 어떠한 직분자가 되느냐가 더 중요한 것이다.

"믿음은 가능성의 영역에서는 작동하지 않는다. 인간적으로 가능한 일에서는 하나님께 영광이 돌려지지 않는다. 믿음은 사람의 능력이 끝나는 곳에서 시작된다." - 조지 뮬러

2. 믿음으로 하는 신앙생활의 자리는 어디인가?

그렇다면 직분자로서 믿음으로 하는 신앙생활의 자리는 어디인가?

1) 하나님을 절대적으로 _____하는 믿음의 자리이다.

말씀 살피기 |

하나님이 세상을 이처럼 사랑하사 독생자를 주셨으니 이는 그를 믿는 자마다 멸망하지 않고 영생을 얻게 하려 하심이라 (요 3:16)

❶ _____ 의 자리

말씀 살피기 |

7 나는 선한 싸움을 싸우고 나의 달려갈 길을 마치고 믿음을 지켰으니 8 이제 후로는 나를 위하여 의의 면류관이 예비되었으므로 주 곧 의로우신 재판장이 그날에 내게 주실 것이며 내게만 아니라 주의 나타나심을 사모하는 모든 자에게도니라(딤후 4:7~8)

히브리어로 믿음을 '에문'이라고 한다. '에문'이란 처음과 끝이 똑같다는 뜻이다.

① 면류관은 믿음의 경주를 마친 사람에게 주어진다.

② 믿음을 지킨 사람이 의의 면류관을 받는다.

③ 의의 면류관은 주의 나타나심을 사모하는 모든 자에게 주어진다.

❷ _____ 의 자리

말씀 살피기 |

또 네가 많은 증인 앞에서 내게 들은 바를 충성된 사람들에게 부탁하라 그들이 또 다른 사람들을 가르칠 수 있으리라(딤후 2:2)

주님(1세대) ⇨ 바울(2세대) ⇨ 디모데(3세대) ⇨ 충성된 사람들(4세대) ⇨ 또 다른 사람들(5세대)

- 은혜 안에서 강하라(1절)
- 제자 양육에 힘쓰라(2절)

'증인'이란 본 것과 들은 것에 대해 증거 하는 사람을 가리킨다. 이런 증거 행위는 종종 죽음을 수반하기도 하기(행 22:20) 때문에 이 말에서 영어의 순교자(martyr)가 유래되었다.

① 무엇을 부탁하라는 말인가?

　　　　＿＿＿＿＿＿＿＿＿＿＿

② 어떻게 부탁하라는 것인가?

　　　　＿＿＿＿＿＿＿＿＿＿＿

③ 복음의 전파 통로는 무엇인가?

　　　　＿＿＿＿＿＿＿＿＿＿＿

❸ _____ 의 자리

말씀 살피기 |

젊은 자들아 이와 같이 장로들에게 순종하고 다 서로 겸손으로 허리를 동이라 하나님은 교만한 자를 대적하시되 겸손한 자들에게는 은혜를 주시느니라(벧전 5:5)

성경에서 믿음이라는 말과 한 묶음처럼 사용되는 말이 순종이다. 믿음 있는 사람은 하나님께 순종한다.

2) _____을 지향하는 믿음의 자리이다.

말씀 살피기 |

그러므로 나의 사랑하는 자들아 너희가 나 있을 때뿐 아니라 더욱 지금 나 없을 때에도 항상 복종하여 두렵고 떨림으로 너희 구원을 이루라(빌 2:12)

"은혜 없는 지식은 무서운 무기가 되고 지식 없는 은혜는 천박하다. 그러나 은혜와 지식이 합쳐지면 우리의 생활과 교회를 건축하는 놀라운 도구가 된다."

Tip | 제직으로서 멀리해야 할 5가지 유형

❶ 논쟁적인 제직　　　❷ 이기적인 제직
❸ 질투심이 강한 제직　❹ 정직하지 못한 제직
❺ 뒤에서 말하는 제직

3) _____을 수행하는 믿음의 자리이다.

말씀 살피기 |

믿음의 선한 싸움을 싸우라 영생을 취하라 이를 위하여 네가 부르심을 받았고 많은 증인 앞에서 선한 증언을 하였도다(딤전 6:12)

❶ 믿음의 선한 싸움을 싸우라.
❷ 영생을 취하라.

① 무엇을 보고 계십니까?
　주님의 영광입니까 아니면 세상의 안목입니까?
　주님을 위한 일을 찾으십시오.

② 무엇을 듣고 계십니까?
　진리의 말씀입니까 아니면 의미 없는 소문입니까?
　주님을 위한 일을 들으십시오.

③ 무엇을 말하고 계십니까?

주님을 향한 감사입니까 아니면 남에 대한 비난입니까? 주님을 위한 일을 말씀하십시오.

④ 무엇을 하고 계십니까?

누군가를 섬기고 있습니까? 아니면 힘들게 하고 있습니까? 주님을 위한 일에 힘쓰십시오.

⑤ 무엇을 향해 가고 계십니까?

세상을 구원하러 나아가고 있습니까 아니면 세상에서 헤매고 있습니까? 주님을 위한 일을 찾아 나서십시오.

3. 하나님 중심의 예배생활은 어떠해야 하는가?

1) 예배의 참뜻은 무엇인가?

말씀 살피기 |

그러므로 형제들아 내가 하나님의 모든 자비하심으로 너희를 권하노니 너희 몸을 하나님이 기뻐하시는 거룩한 산 제물로 드리라 이는 너희가 드릴 영적 예배니라(롬 12:1)

"예배란 중생한 신자가 하나님께 기도, 찬양, 신앙고백, 예물 등을 통하여 존귀와 영광을 하나님께 드리며, 하나님을 두렵고 떨림으로 섬기며 봉사하는 행위인 것이다. 참된 예배는 마음 중심으로부터 시작하여 외적 행위로 나타난다."

이스라엘 사람들은 하나님 앞에 나아갈 때에 스스로를 종이라고 불렀다. 또한 그들에게서 예배의 개념은 하나님을 경배하는 것만이 아니라 그들의 전 생애를 통하여 하나님을 섬기는 삶이었다.

'앞에 굽혀 엎드린다.'라는 뜻으로 예배에 대한 방향을 뜻한다. 모든 인간은 하나님 앞에서 자신의 자주성을 버리고 하나님의 뜻을 따르며 섬겨야 할 존재라는 사실과 경배와 복종의 생활이 삶의 근본이 되어야 함을 잊지 말아야 한다.

고대 헬라 세계에서 땅에 입을 맞추는 행위는 땅의 신들에 대한 하나의 존경의 표시였다.

- 하나님 은혜로 말미암아 심령에 감사가 차고 넘친 상태이다.
- 어떤 필요가 채워지는 복이 아닌, 하나님 그분께 심령이 사로잡히는 것이다.
- 인간의 존재 목적은 하나님을 예배하는 데 있다.

말씀 살피기 |

23 아버지께 참되게 예배하는 자들은 영과 진리로 예배할 때가 오나니 곧 이때라 아버지께서는 자기에게 이렇게 예배하는 자들을 찾으시느니라 24 하나님은 영이시니 예배하는 자가 영과 진리로 예배할지니라 (요 4:23~24)

여인이 '예배할 곳'(20절)을 묻자 예수님은 '예배할 때'(21절)에 대해 말씀하셨다. 예배는 장소가 아니라 진리와 성령으로 하나님을 만나는 때가 중요하다는 것을 일깨워주신 것이다.

Q. 나는 어떤 자세로 예배를 드립니까? 주일날만 교회에 왔다갔다 하는 정도의 사람은 아닙니까? 교회 밖을 나서면 하나님과는 상관없는 사람, 또는 교회 안에 하나님을 가두어버린 종교인은 아닙니까?

2) 참된 예배의 행위는 무엇인가?

말씀 살피기 |

여호와의 이름에 합당한 영광을 그에게 돌릴지어다 예물을 들고 그의 궁정에 들어갈지어다(시 96:8)

❶ 하나님을 _____하는 행위이다.

❷ 구원의 은혜에 _____하는 행위이다.

❸ 삶의 최고의 가치를 _____하는 행위이다.

3) 성령이 충만하게 임하는 예배는 무엇인가?

❶ 주님께서 높임을 받고 계신가?

❷ 하나님의 말씀에 대한 열정을 가지게 하는가?

❸ 하나님과 이웃을 더 사랑하도록 인도하는가?

❹ 진리와 영적 깊이를 더해 주는가?

❺ 어떤 실제적인 삶의 변화가 일어나고 있는가?

- 미국 펜사콜라의 브론스빌 교회 질문서

4. 온전한 헌금과 십일조 생활은 무엇인가?

말씀 살피기 |

각각 그 마음에 정한 대로 할 것이요 인색함으로나 억지로 하지 말지니 하나님은 즐겨 내는 자를 사랑하시느니라(고후 9:7)

1) 헌금은 우리의 신앙의 _____이다.

"아낌없는 헌금은 걱정 없는 삶을 만든다."

(Careless giving leads to care-less living)

2) 헌금은 _____의 일부이다.

헌금을 드린다는 것은 물질을 드리는 것 이상의 깊은 뜻을 가지고 있다. 헌금은 거룩한 믿음의 행위이며, 하나님을 그 무엇보다 사랑한다는 표현이다.

3) 십일조헌금은 하나님의 _____이다.

❶ 하나님의 명령에 _____하는 신앙의 행위이다.

❷ 하나님께서 모든 것을 주셨다는 것을 _____하는 행위이다.

4) 헌금은 _____으로 해야 한다.

❶ _____이고 _____으로 드려야 한다.

❷ _____에 비례하게 드려야 한다.

❸ _____하여 드려야 한다.

❹ 마음에 정한 대로 _____으로 드려야 한다.

하나님께서는 성도들이 자신의 소득 중 일부를 정하여 자원하는 마음으로 즐거이 드리는 것을 기뻐하신다.

Tip | 제직이 경계해야 할 4대 언행불일치

❶ "천국만 소망하며 삽시다."라고 말하면서 과도한 재물욕을 갖는 것
❷ "주님 위해 일생을 바치겠습니다."라고 말하면서 십자가를 지지 않는 것
❸ "모든 영광을 하나님께"라고 말하면서 자기 자랑만 일삼는 것
❹ "주님, 사랑합니다."라고 말하면서 헌신하지 않는 것

Tip | 10인 10색 예배시간

❶ 설교시간에 멀거니 강단을 응시하는 - 멀대파
❷ 주보에 밑줄 긋고 교정까지 보는 - 꼼꼼파
❸ 졸면서 끄덕끄덕 콤마를 찍는 - 아멘파
❹ 수시로 시계를 들여다보는 - 안절부절파
❺ 옆 사람과 글로 대화하는 - 청각장애파
❻ 예배 후에 있을 회의만을 생각하는 - 회의 염려파
❼ 설교시간에 혼자 성경을 읽으며 시간 때우는 - 나홀로파
❽ 찬송 부를 때 입만 벙긋대는 - 붕어파
❾ 기도시간을 노려 묵상(?)에 잠기는 - 기회주의파
❿ 누가 왔나 안 왔나 두리번거리며 인원 체크하는 -인원 체크파

| 은혜 나누기 |

1. 이 과를 통해 가장 마음에 와닿는 말씀은 무엇입니까?

2. 그 말씀을 붙잡고 어떻게 실천할 것입니까?

3. 다 함께 은혜의 말씀과 실천해야 할 일을 위해 기도합시다.

| 다짐하기 |

3과 제직의 영성,
삶에 뿌리박은 영성을 키우라

1. 기독교 영성에 대한 올바른 이해는 무엇인가?

1) 타종교에서 영성은 무엇인가?

❶ 실제로 역사상에 살았던 한 인간의 정신을 받아들여 자신의 정신으로 삼고 살아가는 것을 말한다.

❷ 또한 정신만이 아니라 사회적 영향력을 가지고 있는 한 인격체의 삶의 스타일을 자신의 것으로 받아들여 살아가는 것을 말한다고도 볼 수 있다.

❸ 그리고 그러한 영성의 개발은 일정한 법칙에 따라 엄격한 자기훈련과 장기적인 노력으로 본받고자 하는 자의 정신을 내면화시키고 그의 삶의 스타일을 따라 사는 삶의 과정을 뜻하기도 한다.

2) 기독교 영성은 무엇인가?

❶ 기독교 영성이란 그리스도와 원만한 _____를 맺는 것이다.

❷ 기독교 영성은 _____을 좇아 행하는 것이다.

❸ 기독교 영성은 우리의 삶과 인격 속에 그리스도의 삶과 인격이 _____되는 것이다.

2. 영성에 대한 잘못된 이해는 무엇인가?

1) _____에만 국한된 영성이다.

신비주의적 관점에서 '신령한' 사람은 뜨겁고 열정적인 찬송과 기도, 예언이나 방언, 신유 같은 비범한 은사들을 일방적으로 추구한다. 또한 윤리적 삶을 평가 절하시키고 개인 영혼 구원만을 목표로 삼으며 사회활동에 대해 무관심하다. 더불어 금욕이나 금식기도를 치켜 세우면서 기도원을 전전하는 금욕적 세상도피주의와 예수 믿으면 건강, 장수, 사업 성공과 같은 축복이 온다는 현세기복적 태도를 갖고 있는데 이러한 생각은 한국교회 신자들의 통속적 영성 개념 속에 깊이 자리 잡고 있다.

2) _____으로 이해되는 영성이다.

그들은 현실로부터 도피하여 신비적 직관 체험, 침묵, 명상, 관상 등을 통해 자신의 모든 사념과 욕망을 잠재운다.

3) _____이 없는 영성이다.

개인 기도생활, 말씀 묵상, 구원의 확신 등 내면에만 치우친 나머지 실천하고 행동하는 부분은 경시된다. 그러나 삶이 없이 단지 생각과 의식 속에서 머무는 영성은 온전한 영성이 아니다.

4) _____ 영성이다.

하나님은 진리의 하나님이시므로 우리가 하나님께서 주신 이성과 지성을 사용하지 않고는 올바른 지식에 도달할 수 없으며, 동시에 올바른 영성을 소유할 수 없게 되는 것이다.

3. 참된 기독교 영성은 무엇인가?

말씀 살피기 |

하나님 아버지 앞에서 정결하고 더러움이 없는 경건은 곧 고아와 과부를 그 환난 중에 돌보고 또 자기를 지켜 세속에 물들지 아니하는 그것이니라(약 1:27)

1) 하나님의 _____에 입각한 영성이다.

은혜는 아무런 공로 없이 하나님으로부터 주어질지라도 우리가 자신을 하나님 앞에 헌신해야 이 은혜의 수혜자가 될 수 있다.

2) _____신앙의 영성이다.

참된 기독교 영성은 신앙공동체를 멸시하거나 자신의 영성이 신앙 공동체 내의 다른 형제나 자매의 영성보다 우월하다는 개인주의적 영성으로 나아가지 않는다. 오히려 성경적인 영성은 타자를 위한, 봉사를 위한 능력의 원천으로 사용된다.

3) 감정과 이성의 _____ 잡힌 영성이다.

신앙이란 지성과 감성, 머리와 가슴의 통일로 신자의 인격에 형성된다. 따라서 참된 기독교 영성은 단순히 감정이나 정서에만 치우치지 않고 말씀을 통해 얻는 지성으로 검증된다.

4) _____ 에 뿌리 박은 영성이다.

기독교 영성은 이 세상으로부터 유리된 어떠한 경건도 거부한다. 영과 육을 엄격히 구분하여 영을 좇는 것을 선으로 보고 육을 악한 것으로 간주하는 가치 판단은 헬라적이고 불교적이며 영지주의적이다. 초대교회는 이러한 가르침이 참된 경건의 태도가 아니라는 것을 역설했다.

5) _____ 에 기초한 영성이다.

성경은 문자로 주신 변하지 않는 말씀이다. 음성이나 환상은 받는 사람의 감정이나 상태에 따라 다르게 느껴질 수 있고 또 영구적이지도 못하다. 그러나 문자로 주신 하나님의 말씀은 신앙에서 불변의 기준이 된다. 우리는 하나님의 음성을 직접 귀로 듣는 것이 아니라 성경말씀을 통하여 듣는다.

어떠한 개인적인 신앙의 체험도 성경말씀에 의해 점검받지 않으면 대단히 위험하다.

6) 그리스도를 닮는 _____의 영성이다.

중생은 성화의 출발이다. 성화는 중생 후 하나님이 인정하시는 경건한 신앙생활로 나아가는 것이다. 따라서 칭의와 성화는 반드시 구별되어야 할 것이나 결코 분리될 수는 없다.

7) 성령의 권능을 받아 _____하는 영성이다.

성령 충만한 성도는 예수님을 위한 증인이 되어야 한다.

8) 영원한 축복을 현실에서 _____하는 영성이다.

기독교 영성은 영원한 내세의 축복이 오늘 이 세상에서 부분적으로 실현되는 것을 믿는다. 그러므로 현실도피적인 태도를 갖지 않는다.

9) _____를 새롭게 창조하는 영성이다.

참된 기독교 영성은 개인 구원과 교회 회복을 넘어 불신의 현실과 역사와 문화를 변혁시키는 실천적이고 역사 참여적인 영성으로 나아간다. 이것이 십자가 신학의 영성이다.

10) 다시 오실 주님을 기대하는 _____의 영성이다.

히브리서 11장은 믿음의 장이다. 그곳에 등장하는 믿음의 사람들은 모두 세상이 아니라 하늘의 본향에 소망을 두었다. 그래서 이 땅에서의 삶은 외국인과 나그네의 삶으로 생각했다. 그들에게 지상의 가나안은 하늘의 가나안의 그림자에 지나지 않았다. 그 하늘의 가나안을 바라보면서 믿음으로 살았던 것이다.

4. 그리스도인이 추구해야 할 체험은 무엇인가?

체험의 전제 조건 – 하나님의 말씀을 기초로 함.
우리가 추구해야 할 체험에는 한 가지 전제 조건이 필요하다. 바로 계시된 하나님의 말씀을 넘어서지 않는 체험이어야 한다는 것이다.

1) _____를 더욱 알아가는 체험이다.

말씀 살피기 |

또한 모든 것을 해로 여김은 내 주 그리스도 예수를 아는 지식이 가장 고상하기 때문이라 내가 그를 위하여 모든 것을 잃어버리고 배설물로 여김은 그리스도를 얻고(빌 3:8)

성령의 주된 사역은 우리를 그리스도께 향하게 하고, 그리스도를 더욱 알아가게 하며, 그분을 영화롭게 하는 것이다.

2) _____가운데 그리스도의 능력을 맛보는 체험이다.

말씀 살피기 |

나에게 이르시기를 내 은혜가 네게 족하도다 이는 내 능력이 약한 데서 온전하여짐이라 하신지라 그러므로 도리어 크게 기뻐함으로 나의 여러 약한 것들에 대하여 자랑하리니 이는 그리스도의 능력이 내게 머물게 하려 함이라(고후 12:9)

우리가 추구해야 할 신령한 체험은 약함 가운데 그리스도의 능력을 맛보는 체험이다. 성령 하나님은 우리로 하여금 그리스도의 능력을 체험하며 살도록 이끄신다.

3) 그리스도 안에서 허락된 _____을 누리는 체험이다.

말씀 살피기 |

나는 비천에 처할 줄도 알고 풍부에 처할 줄도 알아 모든 일 곧 배부름과 배고픔과 풍부와 궁핍에도 처할 줄 아는 일체의 비결을 배웠노라(빌 4:12)

그리스도인이 추구할 체험은 그리스도 안에서 허락된 부요한 것을 누리는 체험이다. 즉 앞서 말했던 그리스도를 알아가는 체험을 넘어서 예수님 안에서 참된 부요함을 발견하여 누려야 하는 것이다.

4) _____에 이르게 하는 체험이다.

말씀 살피기 |

또한 모든 것을 해로 여김은 내 주 그리스도 예수를 아는 지식이 가장 고상하기 때문이라 내가 그를 위하여 모든 것을 잃어버리고 배설물로 여김은 그리스도를 얻고(빌 3:8)

우리가 추구해야 할 신령한 체험은 성령이 자신이 계시하신 말씀을 따라 성숙으로 이끄시는 체험이다. 영적인 성숙은 그리스도인의 의무이다. 성령은 예수님을 믿는 자들 모두를 성숙에 이르게 하시기 원한다.

5) _____과 _____라는 방편을 통한 체험이다.

말씀 살피기 |

24 축사하시고 떼어 이르시되 이것은 너희를 위하는 내 몸이니 이것을 행하여 나를 기념하라 하시고 25 식후에 또한 그와 같이 잔을 가지시고 이르시되 이 잔은 내 피로 세운 새 언약이니 이것을 행하여 마실 때마다 나를 기념하라 하셨으니 26 너희가 이 떡을 먹으며 이 잔을 마실 때마다 주의 죽으심을 그가 오실 때까지 전하는 것이니라(고전 11:24~26)

마지막으로 우리가 추구할 체험은 계시된 말씀과 성례라는 은혜의 방편을 통해 성령이 친히 이끄시는 체험이다. 여기서 계시된 말씀, 곧 기록된 말씀은 들리는 말씀이고, 성례는 보이는 말씀이라 할 수 있는 세례와 성찬이다.

그리스도가 사라진 영적 체험을 경계하라!

그리스도는 온데간데없이 사라지고, 자기중심적인 경험만 난무하는 괴이한 현실 속에서 가장 시급한 일은 성령의 고유한 사역에 대한 이해와 그리스도를 초석으로 한 신령한 경험의 회복이다.

| 은혜 나누기 |

1. 이 과를 통해 가장 마음에 와닿는 말씀은 무엇입니까?

2. 그 말씀을 붙잡고 어떻게 실천할 것입니까?

3. 다 함께 은혜의 말씀과 실천해야 할 일을 위해 기도합시다.

| 다짐하기 |

4과 제직의 리더십,
사람을 온전히 섬겨라

1. 기독교 리더쉽의 정의는 무엇인가?

"교회의 목표를 달성하기 위하여 교회에 있는 사람들에게 목적과 방향을 제시하며 영향력을 행사하는 사람이다."

1) 기독교 리더쉽의 동기는 _____ 이다.

말씀 살피기 |
누구든지 그의 말씀을 지키는 자는 하나님의 사랑이 참으로 그 속에서 온전하게 되었나니 이로써 우리가 그의 안에 있는 줄을 아노라(요일 2:5)

목회 리더쉽의 가장 기초가 되는 것은 하나님의 사랑이다. 기독교 리더쉽은 하나님의 일을 성령의 능력으로 사람들 속에 나타내는 것으로, 곧 잃어버린 자를 찾아 구원하는 것이다.

2) 기독교 리더쉽의 방법은 _____에서 나타난다.

말씀 살피기 |

인자가 온 것은 섬김을 받으려 함이 아니라 도리어 섬기려 하고 자기 목숨을 많은 사람의 대속물로 주려 함이니라(막 10:45)

기독교 리더쉽은 사랑을 동기로 한다. 그리고 그 사랑이 표현되는 방법은 '섬김'이다. 예수님은 이 땅에 섬기러 오셨다.

3) 기독교 리더쉽의 최종 목표는 _____이다.

말씀 살피기 |

하나님이 그 아들을 세상에 보내신 것은 세상을 심판하려 하심이 아니요 그로 말미암아 세상이 구원을 받게 하려 하심이라(요 3:17)

'구원'은 예수 그리스도의 최후 목표였다. 예수님은 사람을 죄로부터 해방시켜 구원을 얻게 하시려고 십자가를 지셨다. 예수님의 가르침과 사역도 결국은 구원을 이루기 위한 것이었다.

2. 성경적인 리더쉽의 모델은 무엇인가?(3S)

성경적인 지도력이란 하나님으로부터 부름을 받은 자가 하나님께로부터 힘과 능력을 공급받아 하나님의 뜻과 목적을 이루기 위하여 행사하는 영향력이다. 또한 성경에서 말하는 리더쉽의 기본적인 모델은 종과 목자와 청지기적인 삶에서 찾을 수 있다. 이 세 가지 모델을 직접 보여주신 분이 예수 그리스도이시다.

1) _____의 리더쉽(Servant Leadership)이다.

말씀 살피기 |

43 너희 중에는 그렇지 않을지니 너희 중에 누구든지 크고자 하는 자는 너희를 섬기는 자가 되고 44 너희 중에 누구든지 으뜸이 되고자 하는 자는 모든 사람의 종이 되어야 하리라 45 인자가 온 것은 섬김을 받으려 함이 아니라 도리어 섬기려 하고 자기 목숨을 많은 사람의 대속물로 주려 함이니라(막 10:43~45)

성경은 '지도자'라는 말 대신 그에 준하는 표현으로 하나님의 '종'이란 단어를 사용한다. '종'이란 주인에게 예속된 노예를 가리킨다. 그리고 노예는 주인의 절대 소유이다.

❶ 그리스도의 모범

말씀 살피기 |

인자가 온 것은 섬김을 받으려 함이 아니라 도리어 섬기려 하고 자기 목숨을 많은 사람의 대속물로 주려 함이니라 (마 20:28)

❷ 바울의 모범

말씀 살피기 |

그러므로 내가 너희에게 권하노니 너희는 나를 본받는 자가 되라 (고전 4:16)
내가 그리스도를 본받는 자가 된 것같이 너희는 나를 본받는 자가 되라 (고전 11:1)

본을 보인다는 것은 매우 중요하다. 대부분의 사람들은 모방을 통해 배우기 때문이다. 그래서 에드먼드 버어크(Edmund Burke, 1729~1797)는 "본보기는 온 인류의 학교이다."라고 말했다. 라틴계 민족의 속담 가운데는 "본보기가 훈계보다 낫다."라는 말도 있다.

2) _____의 리더쉽(Shepherd Leadership)이다.

말씀 살피기 |

14 나는 선한 목자라 나는 내 양을 알고 양도 나를 아는 것이 15 아버지께서 나를 아시고 내가 아버지를 아는 것 같으니 나는 양을 위하여 목숨을 버리노라 (요 10:14~15)

목자로서 리더는 최선을 다해 하나님의 양 떼를 양육하는 사람이다. 목자의 양육은 여러 가지 기능을 포함한다. 곧 양들을 먹이고(교육), 키우고(격려, 책망, 교정, 위로), 보호하고, 모으고(그룹의 연대감 유지), 인도하고, 부르고, 이름을 외우고, 본을 보이고, 희망으로 지도하는 일 등이다.

❶ '나'의 양 떼가 아니라는 것을 잊지 말아야 한다.
❷ 자발적으로 목양해야 한다.
❸ 물질이 결부되어서는 안 된다.
❹ 진심으로 양 떼를 보살펴야 한다.
❺ 양 떼를 지배하려 들지 말아야 한다.

3) _____리더쉽(Steward Leadership)이다.

말씀 살피기 |

주께서 이르시되 지혜 있고 진실한 청지기가 되어 주인에게 그 집 종들을 맡아 때를 따라 양식을 나누어 줄 자가 누구냐(눅 12:42)

성경적 리더쉽의 세 번째 모델은 청지기이다. 청지기는 주인의 집안을 관리하는 사람으로, 자신의 재산은 없지만 주인의 재산을 그 주인의 뜻과 지시에 따라 분배하는 일을 담당하는 자이다. 이 말은 하나님의 은사가 개인의 즐거움을 위한 소유물로 주어진 것이 아니라 하나님의 백성들의 공동체인 교회의 유익을 위해서 단지 맡겨진 것임을 강조하는 것이다. 그러므로 청지기의 리더쉽은 모든 그리스도인들이 선한 청지기가 되어 하나님의 뜻을 따라 받은 은혜를 나눔으로 교회에 덕을 세우고 유익을 끼치도록 하는 데 있다.

3. 21세기의 교회 성장을 위한 리더쉽은 무엇인가?

1) _____의 심정을 가진 리더쉽이다.

말씀 살피기 |

14 나는 선한 목자라 나는 내 양을 알고 양도 나를 아는 것이 15 아버지께서 나를 아시고 내가 아버지를 아는 것 같으니 나는 양을 위하여 목숨을 버리노라 (요 10:14~15)

구약의 여러 선지자들과 신약의 열두 사도는 모두 하나님이 세우신 목자들이다. 이들의 사역을 통해 오늘의 목회자들은 목자로서 하나님의 백성들을 향하는 마음이 어떠해야 하는지를 알 수 있다.

2) 기도와 말씀으로 _____을 갖춘 리더쉽이다.

말씀 살피기 |
너희가 내 안에 거하고 내 말이 너희 안에 거하면 무엇이든지 원하는 대로 구하라 그리하면 이루리라(요 15:7)

기도와 말씀으로 경건을 갖추는 것은 목회자의 리더쉽에서 결정적인 요소라고 볼 수 있다. 선지자 사무엘이 이스라엘을 위하여 하나님 앞에 기도하기를 쉬는 죄를 범하지 않기로 결심한 것처럼 목회자는 하나님의 종으로서 기도를 통해 늘 깨어 준비하며 영성을 유지할 때 경건한 리더쉽을 갖출 수 있게 되는 것이다.

3) 경건한 _____을 갖춘 리더쉽이다.

말씀 살피기 |
또 사람에게 말씀하셨도다 보라 주를 경외함이 지혜요 악을 떠남이 명철이니라(욥 28:28)

경건은 하나님을 사랑하고 두려워하는 마음을 품고 기도로 하나님과 대화하는 것이다. 안셈(1033~1109년)은 하나님을 증명할 때 언제나 기도로 시작했다. 참된 경건은 항상 하나님 앞에 겸손하게 엎드리는 것이다. 하나님 앞에 경건하게 엎드리는 자세에서 하나님의 말씀을 경청하고 하나님의 뜻대로 행하는 바른 인격이 나온다.

4) _____에 대한 열정을 가진 리더십이다.

말씀 살피기 |
내가 예수 그리스도의 심장으로 너희 무리를 얼마나 사모하는지 하나님이 내 증인이시니라(빌 1:8)

성경에 등장하는 바울을 비롯한 수많은 하나님의 사람들은 하나님이 명하여 보내신 일에 대한 불타는 열정이 있었던 사람들이다. 그러나 목회자가 열정적인 리더쉽이 있다고 해서 다 되는 것은 아니라는 점도 잊지 말아야 한다.

5) _____지향적으로 사역하는 리더쉽이다.

말씀 살피기 |
내가 달려갈 길과 주 예수께 받은 사명 곧 하나님의 은혜의 복음을 증언하는 일을 마치려 함에는 나의 생명조차 조금도 귀한 것으로 여기지 아니하노라(행 20:24)

선교 지향적 비전을 가진 지도자는 사람들을 그리스도께로 인도하겠다는 개인적인 열심과 열정을 가진 사람이다. 또한 자신을 희생하기까지 교인들의 신앙 성장을 돕고 그들의 필요를 충족시켜 주고자 하는 열성을 가진 사람이기도 하다.

6) _____을 갖춘 리더쉽이다.

말씀 살피기 |
묵시가 없으면 백성이 방자히 행하거니와 율법을 지키는 자는 복이 있느니라(잠 29:18)

지도자는 비전의 사람이다. 꿈을 꾸되 큰 꿈을 꿀 줄 아는 사람이다. 그리고 그 비전에 이끌림을 받는다. 자신도 모르게 그 비전을 향해서 움직여 가고 거기서부터 어떤 힘을 얻는다. 지도자는 꿈의 사람이 되어야 한다. 모든 위대한 운동은 꿈에서부터 시작되었다. 위대한 비전 없이 위대한 일은 일어날 수 없다.

7) 영적 _____를 갖춘 리더쉽이다.

말씀 살피기 |
내가 이르노니 너희는 성령을 따라 행하라 그리하면 육체의 욕심을 이루지 아니하리라 (갈 5:16)

지도자에게 영적인 권위는 무엇보다 중요한데 이는 성령의 기름 부으심을 통해 주어지는 것이다. 성도들은 자신들의 지도자가 영적인 권위를 지닌 지도자이기를 원한다. 영적 권위는 교회의 성장을 꿈꾸는 지도자에게 필수적인 것이다.

8) 분명한 _____을 가진 리더쉽이다.

말씀 살피기 |
푯대를 향하여 그리스도 예수 안에서 하나님이 위에서 부르신 부름의 상을 위하여 달려가노라(빌 3:14)

사람들은 삶의 방향을 지시해 주는 목표를 필요로 한다. 목표가 없는데 목표를 향하여 나아간다는 것은 불가능하다. 목표는 진보를 보장해 주기 때문에 또한 중요하다. 목표가 필요한 세 번째 이유는 목적 달성을 위해서이다. 과녁 없이 활을 쏘는 사람은 아무것도 맞추지 못한다.

9) _____을 갖춘 리더쉽이다.

말씀 살피기 |
또 너희는 많은 환난 가운데서 성령의 기쁨으로 말씀을 받아 우리와 주를 본받은 자가 되었으니(살전 1:6)

많은 사람들이 이제는 팀을 이루어 함께 일할 때가 왔다고 이야기한다. 혼자서 모든 것을 다 할 수 있다는 생각에서 벗어나 팀으로 움직이지 않으면 안 되는 시대에 살고 있기 때문이다. 또한 이제는 팀의 역할 분담에서도 카리스마가 필요하다.

10) _____을 갖춘 리더쉽이다.

말씀 살피기 |

너는 진리의 말씀을 옳게 분별하며 부끄러울 것이 없는 일꾼으로 인정된 자로 자신을 하나님 앞에 드리기를 힘쓰라(딤후 2:15)

바야흐로 능력 없는 권위는 '왕따' 당하는 시대가 되었다. 이제는 전문성이 힘이다. 우리는 이것을 전문성의 권위라고 부른다. 전문성을 가지고 그 분야에서 프로가 되었을 때, 그것이 바로 사람들에게 영향력을 행사할 수 있는 권한을 가져다 준다. 그래서 사람들이 가지고 있는 지위는 서열을 가리키는 것이 아니라 그 사람이 감당해야 할 전문성의 역할을 의미하는 것이다.

| 은혜 나누기 |

1. 이 과를 통해 가장 마음에 와닿는 말씀은 무엇입니까?

2. 그 말씀을 붙잡고 어떻게 실천할 것입니까?

3. 다 함께 은혜의 말씀과 실천해야 할 일을 위해 기도합시다.

| 다짐하기 |

5과 제직의 기도생활,
은밀하게 골방에서 기도하라

1. 기도란 무엇인가?

1) 기도는 하나님과 대화하는 _____통행이다.

말씀 살피기 |

12 너희가 내게 부르짖으며 내게 와서 기도하면 내가 너희들의 기도를 들을 것이요 13 너희가 온 마음으로 나를 구하면 나를 찾을 것이요 나를 만나리라(렘 29:12~13)

Q. 내가 이야기하고 있는데 상대방이 눈도 안 마주치고 듣지도 않는다면 기분이 어떨까요?

_____

_____

기도는 하나님과 인간의 만남의 행위이다. 이는 하나님과 인간의 관계성 안에서 이루어지는 커뮤니케이션이며, 쌍방통행의 방식을 취한다. 또한 기도란 우리가 행하는 일이 무엇이든지 하나님을 만나고 알게 하며, 원인이 되게 하는 행위이다.

2) 기도는 영적인 _____ 운동이다.

말씀 살피기 |
만일 우리가 우리 죄를 자백하면 그는 미쁘시고 의로우사 우리 죄를 사하시며 우리를 모든 불의에서 깨끗하게 하실 것이요(요일 1:9)

3) 기도는 하나님의 일을 _____ 방법이다.

말씀 살피기 |
13 너희가 내 이름으로 무엇을 구하든지 내가 행하리니 이는 아버지로 하여금 아들로 말미암아 영광을 받으시게 하려 함이라 14 내 이름으로 무엇이든지 내게 구하면 내가 행하리라(요 14:13~14)

교회는 기도로 세상이 할 수 없는 일을 하도록 보냄을 받았다. 죄와 사망의 권세에 매여 있는 이들을 자유롭게 하며, 죄로 오염되고 파괴된 세상을 새롭게 하는 일을 오직 기도로 할 수 있다. 기도는 세상의 그 어떤 것도 해결할 수 없는 이 땅의 가장 긴급하고 중대한 문제, 즉 죄와 죽음의 문제를 해결할 수 있는 유일한 자원인 하늘의 능력과 연결시켜 인간을 살리고 이 땅을 치유하여 이 땅에 하나님의 뜻이 이루어지게 하는 위대한 행위이다.

4) 기도는 문제 해결의 _____이다.

말씀 살피기 |
구하라 그리하면 너희에게 주실 것이요 찾으라 그리하면 찾아낼 것이요 문을 두드리라 그리하면 너희에게 열릴 것이니(마 7:7)

기도는 안 주시려는 아버지 하나님을 설득하는 몸부림이 아니라 나의 빈 그릇에 채워주시려고 예비하고 계시는 좋으신 하나님에 의해서 압도되는 감격이다.

7개월 만에 석방된 주기철 목사는 1939년 2월 첫 번째 주일 아침에 평양역에 내려 곧장 주일 설교를 위해 강단 위에 올라갔다. 그때의 설교가 그 유명한 '5종목 나의 기원'이다.

"첫 번째 나의 기도는 '죽음의 권세를 이기게 하여 주시옵소서.'입니다.

두 번째 나의 기도는 '장기간 고난을 이기게 하여 주시옵소서.' 입니다.
세 번째 나의 기도는 '내 어머니와 처자를 주님께 부탁합니다.' 입니다.
네 번째 나의 기도는 '의에 살고 의에 죽게 하시옵소서.'입니다.
다섯 번째 나의 마지막 기도는 '내 영혼을 주님께 부탁합니다.' 입니다."

2. 올바른 기도의 법칙은 무엇인가?

1) 하나님을 _____으로 기도하는 것이다.

하나님을 경외함으로 기도하기 위해서는 하나님과 대화를 나누는 사람에게 걸맞는 정신과 마음 자세가 필요하다. 불경스럽거나 충동적이거나 경솔한 요소가 있어서는 안 된다. 하나님을 바르고 순수하게 주시하지 못하게 하는 육적인 근심과 생각을 버리고 전심전력해서 하나님께로만 향하는 마음을 가져야 한다. 인간의 정신은 본래 방황하는 습성이 있어 이질적이고 외부적인 염려에 빠지기 쉽고, 하늘나라를 바라보기보다 땅의 일에 얽매이기 쉽다.

그러므로 기도하는 사람은 이러한 모든 염려들을 버림으로 자신의 악한 습성을 초월하여 하나님 앞에 적합하고 순결한 상태로 나아가야 한다.

2) 진심으로 부족함을 느끼며 _____하는 마음으로 기도해야 한다.

기도할 때 항상 자신의 무력함을 느끼며 자신이 구하는 모든 것이 얼마나 필요한가를 진심으로 생각하며 그것을 얻고자 하는 강렬한 소원을 품어야 한다. 그러나 사람이 스스로 회개하거나 기도하는 것은 불가능한 일이다. 따라서 기도는 예수 그리스도 안에서의 하나님의 은혜에 대한 반응인 것이다.

3) 자신에 대한 신뢰를 버리고 _____하게 용서를 빌며 기도해야 한다.

기도는 열정적으로만 한다고 해서 다 되는 것이 아니다. 종교개혁자 칼빈은 자신에 대한 신뢰를 버리고 겸손히 하나님의 용서를 비는 기도를 드려야 한다고 강조한다. 즉 기도하기 위해 하나님 앞에 서는 사람은 영광을 전적으로 하나님께 돌리고, 자신의 영광을 전혀 생각하지 않으며, 자신의 가치를 일체 내세우지 않아야 한다. 곧 자신에 대한 신뢰를 버려야 한다. 그렇지 않고 자신의 가치를 티끌만큼이라도 주장해서 허영과 교만에 부푼다면 결국은 하나님 앞에서 멸망하게 될 것이다.

4) _____있는 소망을 가지고 기도해야 한다.

기도는 우리가 필요로 하는 모든 것을 하나님께로부터 얻을 수 있다는 우리의 희망에 대한 증거이다. 그렇기 때문에 믿음 없이 기도하는 것은 위선적인 행동이며, 우리의 불신과 불성실로 하나님의 마음을 해치는 행위이다. 그러므로 기도의 첫 번째 단계는 자신의 기도가 결코 헛되지 않다는 확신이다. 복음을 들음으로 얻은 신앙과 모든 어려운 상황을 극복하고 소망을 바라보는 태도는 우리의 기도 밑에 반드시 깔려 있어야 한다. 우리는 그리스도에 대한 신앙으로 담대하고 확신 있게 하나님께로 나아간다. 이처럼 기도할 때 신앙과 소망은 사랑의 실천을 위하여 필요하다.

5) _____가 기도의 출발점인 동시에 귀착점이다.

감사는 은혜를 부르고 은혜는 더 큰 감사를 낳는다. 감사로 구할수록 은혜를 받고, 은혜를 받을수록 더욱 감사하게 된다. 감사와 간구는 영혼의 숨쉬기 운동과 같다. 우리 영혼은 간구로 은혜를 들이마시고, 감사로 찬미를 내쉰다. 들이마시지 않으면 내쉴 것이 없듯이 구하기를 그치면 감사하는 것도 그치게 된다. 그릇된 영적 만족은 감사의 적이다. 자신의 영적 상태에 만족하고 안주해 버린 사람에게는 더 이상 감사와 은혜가 들어갈 자리가 없다.

3. 한국교회의 기도에 관한 문제점은 무엇인가?

1) _____기도이다.

대화란 서로 말을 주고 받는 행위이다. 어느 한 쪽만 일방적으로 말을 한다면 그것은 진정한 대화라고 말하기 어렵다. 대화와 마찬가지로 기도도 혼자 말을 하는 것이 아니다. 기도는 하나님과 나누는 대화이다. 사람이 하나님께 아뢰고, 하나님의 말씀을 듣고, 그것을 마음에 새겨서 하나님께 자신의 삶을 맡김으로 하나님의 뜻과 원하심이 무엇인지를 발견하고 받아들이는 것이다. 참된 기도는 올바른 대화를 통해 하나님의 뜻을 받아들이고, 또 하나님의 뜻을 기다리며 분별하려고 애쓰는 기도인 것이다.

2) _____기도이다.

기도는 나의 뜻대로, 나의 필요를 좇아 구하는 것이 아니기 때문이다. 오히려 기도는 하나님의 뜻을 알기 위해서 드리는 것이다. 이런 점에서 한국교회의 기도가 너무도 자기 중심적이고 이기적이라는 사실을 알 수 있다.

3) _____을 쌓는 기도이다.

기도는 영의 호흡이고, 믿음의 고백이며, 하나님이 주시는 크신 은혜이다. 그러나 한국교회는 기도 시간의 길이를 마치 신앙의 척도처럼 생각하는 풍조 때문에 오래 기도하는 것을 은근히 자랑으로 삼는다. 그뿐 아니라 기도를 마치 공적 쌓는 것처럼 생각하는 경우도 있다. 한국교회의 목회자들 가운데는 40일 금식기도와 철야기도, 특별새벽기도를 몇 번 했는지를 자신의 이력으로 앞세우고 자랑하는 이들도 있다.

4) _____축복을 앞세우는 기도이다.

한국 사람들은 지나칠 정도로 복을 추구하는 성향이 있다. 그래서 이웃을 위한 봉사나 헌신에는 매우 소극적인 반면 복을 받는 것에 대해서는 적극적이며 이기적인 모습을 보인다.

4. 기도 응답의 종류에는 어떤 것이 있는가?

1) _____ 응답이 있다.

말씀 살피기 |

30 바람을 보고 무서워 빠져 가는지라 소리 질러 이르되 주여 나를 구원하소서 하니 31 예수께서 즉시 손을 내밀어 그를 붙잡으시며 이르시되 믿음이 작은 자여 왜 의심하였느냐 하시고(마 14:30~31)

오랫동안 기도하는 것(기도의 양)도 중요하지만 그보다 더 중요한 것은 하나님의 뜻에 일치하는 것(기도의 질)이다. 그럴 때 즉시 응답을 주신다.

2) _____ 응답이 있다.

말씀 살피기 |

사도와 함께 모이사 그들에게 분부하여 이르시되 예루살렘을 떠나지 말고 내게서 들은 바 아버지께서 약속하신 것을 기다리라(행 1:4)

인스턴트 문화에 젖어 사는 현대인들에게 가장 결여된 것이 끈기와 기다림이다. 그러나 이러한 덕목 없이 하나님과 동행하는 것은 불가능하다.

3) _____ 응답이 있다.

말씀 살피기 |

8 이것이 내게서 떠나가게 하기 위하여 내가 세 번 주께 간구하였더니 9 나에게 이르시기를 내 은혜가 네게 족하도다 이는 내 능력이 약한 데서 온전하여짐이라 하신지라 그러므로 도리어 크게 기뻐함으로 나의 여러 약한 것들에 대하여 자랑하리니 이는 그리스도의 능력이 내게 머물게 하려 함이라(고후 12:8~9)

4) 구한 것이 아닌 _____으로 응답하실 때도 있다.

말씀 살피기 |

너희가 악한 자라도 좋은 것으로 자식에게 줄 줄 알거든 하물며 하늘에 계신 너희 아버지께서 구하는 자에게 좋은 것으로 주시지 않겠느냐(마 7:11)

"하나님은 우리의 주인으로서 요구가 잘못된 것이면 '노'(no)라고 하신다. 때가 잘못된 것이면 하나님은 '슬로우'(slow, 천천히)라고 하신다. 당신이 잘못되어 있으면 하나님은 '그로우'(grow, 성장하라)라고 하신다. 요구와 때와 당신이 바로 되어 있으면 하나님은 '고우'(go, 됐다)라고 하신다." -빌 하이벨스

5. 효과적인 중보기도의 실행 방안은 무엇인가?

말씀 살피기 |

그러므로 너희 죄를 서로 고백하며 병이 낫기를 위하여 서로 기도하라 의인의 간구는 역사하는 힘이 큼이니라(약 5:16)

1) 홀로 _____ 곳을 택해서 기도하라.

말씀 살피기 |

너는 기도할 때에 네 골방에 들어가 문을 닫고 은밀한 중에 계신 네 아버지께 기도하라 은밀한 중에 보시는 네 아버지께서 갚으시리라(마 6:6)

하나님 앞에서 온전한 중보의 기도를 하려면 조용하고 한적한 장소를 택해야 한다. 예수님께서도 기도하실 때 따로 한적한 곳에서 하셨다. 기도는 조용한 가운데 하는 것이 가장 좋다.

2) 진심으로 _____ 하라.

말씀 살피기 |

너희가 각각 마음으로부터 형제를 용서하지 아니하면 나의 하늘 아버지께서도 너희에게 이와 같이 하시리라(마 18:35)

중보기도자에게 미움과 분노 혹은 사람과의 관계에서 해결되지 않은 상한 감정들이 있으면 그로 인해 하나님과 깊은 교제를 할 수 없게 된다.

마태복음 18장 18절에서는 용서에 대해 이렇게 말하고 있다. "진실로 너희에게 이르노니 무엇이든지 너희가 땅에서 매면 하늘에서도 매일 것이요 무엇이든지 땅에서 풀면 하늘에서도 풀리리라."

또한 마가복음 11장 25절에서는 "서서 기도할 때에 아무에게나 혐의가 있거든 용서하라 그리하여야 하늘에 계신 너희 아버지께서도 너희 허물을 사하여 주시리라 하시니라"고 말씀하고 있다. 해결되지 못한 답답한 마음으로 하나님께 간절한 중보기도를 할 수는 없다.

3) _____기도하라.

말씀 살피기 |

하물며 하나님께서 그 밤낮 부르짖는 택하신 자들의 원한을 풀어 주지 아니하시겠느냐 그들에게 오래 참으시겠느냐(눅 18:7)

중보기도를 하다보면 그 결과가 바로 나타나지 않는 것 같아 낙담하게 되는 경우가 있다. 예수님께서는 이에 대해 '항상 기도하고 낙심하지 말아야 할 것(눅 18:1)'을 일러주셨다.

4) _____태도를 가지라.

기도를 해야 하는데 마음이 움직이지 않을 때 하나님께 이런 마음을 숨김없이 이야기해야 한다. 자원하는 마음을 가진다는 것은 우리의 뜻을 다 포기하고 하나님의 뜻을 선택하는 것을 말하는 것이다.

5) _____으로 기도하라.

하나님은 구체적이고 진실된 마음으로 드리는 기도를 받으신다. 하나님께 중보할 내용들을 구체적으로 기도할 때 하나님의 응답 여부를 확실히 알게 된다.

6) 기도를 방해하는 것을 _____하라.

이를 위해 기도 노트를 사용하는 것이 좋다. 기도 노트를 사용함으로써 기도 제목을 일일이 적어놓고 기도할 수 있고, 자신이 했던 기도에 하나님께서 어떻게 응답을 해주셨는지 알 수 있으며, 기도 응답을 받은 기록과 문제들을 살펴볼 수 있다.

Tip | 기도하지 않는 신앙인의 그 요인에 따른 6부류

• 망설임형 : 기도해야 한다고 말은 하면서 정작 하지는 않음

• 포기형 : 한두 번 기도해보다 그만둠

• 넋두리형 : 자신의 신세타령만 하다 기도를 끝냄

• 만사태평형 : 하나님께서 다 알아서 해 주신다고 하며 기도하지 않음

• 바쁘다형 : 할 일이 많아 기도할 시간이 없다고 생각함

• 과시형 : 대표기도는 유창하게 잘 하지만 실상은 기도생활을 하지 않음

| 은혜 나누기 |

1. 이 과를 통해 가장 마음에 와닿는 말씀은 무엇입니까?

2. 그 말씀을 붙잡고 어떻게 실천할 것입니까?

3. 다 함께 은혜의 말씀과 실천해야 할 일을 위해 기도합시다.

| 다짐하기 |

6과 제직의 전도생활, 5분 복음 제시로 승부하라

1. 성경적 전도란 무엇인가?

말씀 살피기 |

이르시되 때가 찼고 하나님의 나라가 가까이 왔으니 회개하고 복음을 믿으라 하시더라 (막 1:15)

큰 나무도 하나의 작은 씨앗에서 시작되는 것처럼 인류 복음화는 한 사람의 전도로부터 시작된다.

1) 전도란 _____을 전한다는 뜻이다.

말씀 살피기 |

아들을 낳으리니 이름을 예수라 하라 이는 그가 자기 백성을 그들의 죄에서 구원할 자이심이라 하니라 (마 1:21)

복음 전도자는 천국의 기쁜 소식을 퍼뜨리는 것이다. 그 내용은 하나님의 아들인 예수 그리스도께서 인간의 몸을 입고 이 땅에 오셔서 인간을 구원하기 위해 십자가에서 죽으셨다가 사흘 만에 다시 사시고 승천하셨으며 이제 곧 다시 오신다는 것이다.

2) 전도란 _____는 뜻이다.

말씀 살피기 |

보라 네가 잉태하여 아들을 낳으리니 그 이름을 예수라 하라(눅 1:31)

이는 임금의 법령을 알리기 위하여 이 지방 저 지방으로 돌아다니는 전령자의 임무를 묘사하는 것이다. 즉 '예고'란 왕이 하고자 하는 말을 전령자가 대신 선포하는 것을 말한다.

3) 전도란 _____는 뜻이다.

말씀 살피기 |

내가 너희에게 분부한 모든 것을 가르쳐 지키게 하라 볼지어다 내가 세상 끝날까지 너희와 항상 함께 있으리라 하시니라(마 28:20)

가르침의 극치는 예수를 선포함으로 나타나는 회개에서 찾을 수 있다. 위대한 복음 전도자는 예수님의 삶을 본받고 그 가르침을 배우면서 또 그대로 가르쳐야 한다.

4) 전도란 _____이라는 뜻이다.

말씀 살피기 |
오직 성령이 너희에게 임하시면 너희가 권능을 받고 예루살렘과 온 유대와 사마리아와 땅끝까지 이르러 내 증인이 되리라 하시니라(행 1:8)

어원적으로 '증인'이라는 말에서 '순교자'라는 말이 유래했다. 순교자는 자신의 피로써 자신의 증언을 뒷받침하는 사람이다. 그리스도인은 예수님의 살아 있는 순교자이다.

5) 전도란 _____라는 뜻이다.

말씀 살피기 |
그러므로 너희는 가서 모든 민족을 제자로 삼아 아버지와 아들과 성령의 이름으로 세례를 베풀고(마 28:19)

'제자'의 원어적인 의미는 '어느 한 곳에 자신의 마음을 쏟는 자'이다. 제자란 사람들로 하여금 그리스도인이 되도록 인도하고 교육하고 훈련하는 사람을 뜻한다. 또한 여기에는 '개심한다'는 의미가 내포되어 있다.

"예수 그리스도께서 우리의 죄를 위해 죽으시고 성경에 따라 죽은 자로부터 부활하심을 믿고 회개하는 모든 사람에게 죄 사함과 성령의 자유하게 하시는 선물을 주신다는 좋은 소식을 전파하는 것이다."

2. 복음전도의 내용은 무엇입니까?

복음전도란 '도'(말씀)를 전달하는 것이다. 이는 '말하다'(to tell)와 '전하다'(to preach)의 의미가 포함된 것으로, 즉 말로 전달하는 것이다. 무의미하게 고함치는 것이 아니라 내용이 담긴 말을 전달하는 것이다.

1) 예수님의 _____에 대한 전파이다.

말씀 살피기 |

24 요셉이 잠에서 깨어 일어나 주의 사자의 분부대로 행하여 그의 아내를 데려왔으나 25 아들을 낳기까지 동침하지 아니하더니 낳으매 이름을 예수라 하니라 (마 1:24~25)

예수님의 탄생은 일반적인 인간의 탄생처럼 남녀의 관계에 의한 것이 아니라 동정녀를 통한 것이었다. 이는 한 위대한 인간이 태어난 기적 정도가 아니라 성삼위 하나님 중의 한 분이 육신을 입고 성육신(임마누엘)하신 놀라운 사건이다. 그 이유와 목적은 "그가 자기 백성을 그들의 죄에서 구원하시기" 위해서이다.

2) 예수님의 대속적 _____과 승리의 _____에 대한 전파이다.

말씀 살피기 |

17 그리스도께서 다시 살아나신 일이 없으면 너희의 믿음도 헛되고 너희가 여전히 죄 가운데 있을 것이요 18 또한 그리스도 안에서 잠자는 자도 망하였으리니 19 만일 그리스도 안에서 우리가 바라는 것이 다만 이 세상의 삶뿐이면 모든 사람 가운데 우리가 더욱 불쌍한 자이리라(고전 15:17~19)

사도들은 예수님의 탄생과 생애, 말씀과 사역, 통치와 재림을 전파했다. 그들은 예수 그리스도가 우리의 죄 때문에 죽으셨고 다시 살아나셨다는 기쁜 소식에 집중하였다. 예수님의 죽음과 부활은 그들에게 있어서 확신할 수 있는 역사적 사건이었기 때문이다. 그리고 이 사건에는 깊은 의미가 담겨 있었다. 그것은 그리스도가 우리들이 받을 저주를 대신 담당하시고, 우리의 의롭다 함을 이루시기 위하여 곧 우리의 죄 때문에 돌아가셨다는 사실이었다. 또한 그가 부활하심으로 우리의 죄를 위한 그의 희생이 하나님께 받아들여졌으며 그가 결코 헛되이 죽으시지 않았다는 것을 증명했다는 것이었다.

3) 값 없이 주시는 영생을 받기 위해서 인간은 마땅히 _____하고 예수님을 자신의 _____로 믿어야 함을 전파하는 것이다.

말씀 살피기 |
이르시되 때가 찼고 하나님의 나라가 가까이 왔으니 회개하고 복음을 믿으라 하시더라(막 1:15)
베드로가 이르되 너희가 회개하여 각각 예수 그리스도의 이름으로 세례를 받고 죄 사함을 받으라 그리하면 성령의 선물을 받으리니(행 2:38)

곧 자신들의 죄와 거짓과 우상숭배에서 돌이켜 회개하고 예수 그리스도를 유일하신 구주로 신뢰하고 믿어야 한다. 이 말은 사실상 하나의 의미이다. 회개 없는 믿음은 구원받은 믿음이 아니요 단지 주제 넘은 믿음주의에 불과하기 때문이다.

4) 하나님의 _____를 전파하는 것이다.

말씀 살피기 |

이르시되 때가 찼고 하나님의 나라가 가까이 왔으니 회개하고 복음을 믿으라 하시더라 (막 1:15)

이는 마치 왕의 명령을 가지고 이 마을 저 마을을 돌아다니며 외치는 것과 같은 것이다. 우리 역시 하나님의 나라가 이 땅에 임하였다고 힘있게 선포해야 한다.

5) 예수님의 _____과 하나님의 최후의 _____에 대한 전파이다.

말씀 살피기 |

이러므로 너희도 준비하고 있으라 생각하지 않은 때에 인자가 오리라 (마 24:44)

예수님은 분명 재림에 대해 말씀하셨고 그 징조 또한 알려주셨다(마 24:44). 그리스도의 재림은 곧 지상의 인류 역사의 종말과 동시에 그리스도께서 통치하시는 왕국의 시작을 의미한다. 더 나아가 성경은 하나님의 최후 심판에 대해서도 경고하고 있다. 특히 마태복음에서는 목자가 양과 염소를 분별하는 것 같이 우리를 심판하시겠다고 말씀하셨다(마 25장). 사도 요한(계 20:12~15)과 베드로(벧후 3:7) 역시 이 같은 선포를 하였다.

3. 복음전도를 반드시 해야 하는 이유는 무엇인가?

1) 하나님 편에서 볼 때 전도의 이유는 무엇인가?

❶ _____의 가치 때문이다.

말씀 살피기 |

내가 너희에게 이르노니 이와 같이 죄인 한 사람이 회개하면 하늘에서는 회개할 것 없는 의인 아흔아홉으로 말미암아 기뻐하는 것보다 더하리라(눅 15:7)

전체의 시작이 되는 한 사람은 천하보다 귀한 존재이다. 한 사람을 찾기 위해서는 잃어버린 자식을 찾는 부모의 심정을 가져야 한다.

❷ 하나님의 간절한 _____이기 때문이다.

말씀 살피기 |

하나님은 모든 사람이 구원을 받으며 진리를 아는 데에 이르기를 원하시느니라(딤전 2:4)

하나님의 소원은 모든 사람이 구원받는 것이요, 모든 사람이 구원의 참된 진리를 깨닫는 것이다. 사랑하는 자녀를 거리에서 잃어버리거나 또는 유괴범에게 빼앗긴 부모의 소원이 무엇이겠는가? 잃은 자녀를 다시 찾는 것이다.

❸ _____이 없기 때문이다.

말씀 살피기 |

다른 이로써는 구원을 받을 수 없나니 천하 사람 중에 구원을 받을 만한 다른 이름을 우리에게 주신 일이 없음이라 하였더라(행 4:12)

❹ 예수님의 마지막 _____이기 때문이다.

말씀 살피기 |

그러므로 너희는 가서 모든 민족을 제자로 삼아 아버지와 아들과 성령의 이름으로 세례를 베풀고(마 28:19)

또 이르시되 너희는 온 천하에 다니며 만민에게 복음을 전파하라(막 16:15)

너희는 이 모든 일의 증인이라(눅 24:48)

또 두 번째 이르시되 요한의 아들 시몬아 네가 나를 사랑하느냐 하시니 이르되 주님 그러하나이다 내가 주님을 사랑하는 줄 주님께서 아시나이다 이르시되 내 양을 치라 하시고(요 21:16)

오직 성령이 너희에게 임하시면 너희가 권능을 받고 예루살렘과 온 유대와 사마리아와 땅끝까지 이르러 내 증인이 되리라 하시니라(행 1:8)

부모가 돌아가시면서 유언을 남기셨다면 어떤 자녀이든지 반드시 그 유언을 지키려 한다. 만일 그렇게 하지 않는다면 그는 불효자식과 다름 없을 것이다.
하물며 영적인 아버지께서 이 땅을 떠나시며 마지막으로 남기신 유언을 지키지 않아서야 되겠는가?

2) 인간 편에서 볼 때 전도의 이유는 무엇인가?

❶ 너무나 _____이기 때문이다.

말씀 살피기 |

그러므로 나의 사랑하고 사모하는 형제들, 나의 기쁨이요 면류관인 사랑하는 자들아 이와 같이 주 안에 서라(빌 4:1)

❷ 복음의 _____이기 때문이다.

말씀 살피기 |

14 헬라인이나 야만인이나 지혜 있는 자나 어리석은 자에게 다 내가 빚진 자라 15 그러므로 나는 할 수 있는 대로 로마에 있는 너희에게도 복음 전하기를 원하노라(롬 1:14~15)

❸ 하나님께서 인간에게 허락하신 가장 _____이기 때문이다.

말씀 살피기 |

18 예수께서 나아와 말씀하여 이르시되 하늘과 땅의 모든 권세를 내게 주셨으니 19 그러므로 너희는 가서 모든 민족을 제자로 삼아 아버지와 아들과 성령의 이름으로 세례를 베풀고 20 내가 너희에게 분부한 모든 것을 가르쳐 지키게 하라 볼지어다 내가 세상 끝날까지 너희와 항상 함께 있으리라 하시니라(마 28:18~20)

❹ 구원의 체험에 _____을 주기 때문이다.

말씀 살피기 |
여자가 물동이를 버려 두고 동네로 들어가서 사람들에게 이르되(요 4:28)

구원을 체험한 사람은 조용히 앉아 있을 수 없다. 사람 만나기를 꺼려했던 우물가의 여인을 보라. 그녀는 구원받고 새사람이 되자 즉시 물동이를 버려두고 적극적으로 사람들에게 찾아가서 당당하게 외쳤다.

❺ 복음 자체가 전도를 _____하고 있기 때문이다.

말씀 살피기 |
내가 복음을 부끄러워하지 아니하노니 이 복음은 모든 믿는 자에게 구원을 주시는 하나님의 능력이 됨이라 먼저는 유대인에게요 그리고 헬라인에게로다(롬 1:16)

❻ 전도하지 않는 것은 매우 _____이기 때문이다.

말씀 살피기 |
14 그런즉 그들이 믿지 아니하는 이를 어찌 부르리요 듣지도 못한 이를 어찌 믿으리요 전파하는 자가 없이 어찌 들으리요 15 보내심을 받지 아니하였으면 어찌 전파하리요 기록된 바 아름답도다 좋은 소식을 전하는 자들의 발이여 함과 같으니라(롬 10:14~15)

4. 전도하지 못하는 이유는 무엇인가?

말씀 살피기 |

그런즉 그들이 믿지 아니하는 이를 어찌 부르리요 듣지도 못한 이를 어찌 믿으리요 전파하는 자가 없이 어찌 들으리요(롬 10:14)

1) _____때문이다.

전도하는 것이 두렵기 때문이다. 이는 복음을 전할 때 상대방이 어떻게 반응할까 하는 생각에서 비롯된다. 행여 거절을 당하거나 무시를 당할까봐 두려운 것이다. 처음에는 누구든지 그런 두려움을 갖기 마련이다. 그러나 전도는 거절에서부터 시작된다. 또한 전도를 하면 할수록 담대해져서 모르는 사람에게 다가가는 일이 점점 더 수월해진다. 처음에는 두렵더라도 계속 용기를 가지고 전도하다 보면 이 두려움은 곧 극복된다.

2) 삶의 우선순위를 _____에 둔다.

3) _____생활 때문이다.

현대인은 무척 바쁘다. 그러다보니 전도해야 한다는 부담감은 늘 있지만 바쁜 현실에 쫓겨 차일피일 미루게 된다. 그러나 전도는 시간의 문제가 아니라 마음의 문제이다.

4) 나는 아직 _____ 하다.

'나 같은 사람이 어떻게 전도를 할 수 있겠어?', '일단 내 신앙이 어느 정도 자라야 남에게 전도를 하지.' 하며 움츠러들면서 미룰 수 있다.

5) 전도는 특별한 _____ 이다.

전도는 명령이지 은사가 아니다. 물론 사람마다 차이는 있을 수 있지만 전도는 은사로 하는 것이 아니라 복음에 대한 열정으로 하는 것이다.

6) 전도보다 _____ 를 우선시하는 교회 분위기 때문이다.

복음을 전하는 자는 당연히 삶에서도 본을 보여야 한다. 그러나 그리스도인은 불신자들에게 본이 되는 생활을 하는 동시에 우리의 죄 때문에 십자가에 달리신 예수님을 소개하고 회개를 선포해야 한다.

7) 효과적인 전도 방법의 _____과 _____부족 때문이다.

어떻게 전도해야 할지를 모르기 때문이다. 무슨 일이든 처음에는 다 어렵다. 따라서 의사가 환자를 돌보기 위해 오랜 기간의 수련을 거쳐야 하듯 한 영혼이 구원받을 수 있도록 돕기 위해서도 많은 경험과 훈련이 필요하다. 잘 모른다고 그냥 가만히 있을 것이 아니라 계속 해봐야 한다.

8) _____와 관계를 맺고 있지 않다.

불신자와는 교류를 하지 않다 보니 주위에 그리스도인들만 있다. 이런 이유로 때로는 초신자들이 전도를 더 잘한다.

9) 삶의 변화가 _____그리스도인 때문이다.

오늘날 교회의 위기는 어디에서 오는가? 이제는 우리가 아무리 기도를 열심히 하고, 찬송을 큰소리로 불러도 사람들의 시선을 끌지 못한다. 교회 건물이 크다고 놀라지도 않으며 성도들이 잘 산다고 부러워하지도 않는다.
어쩌면 이제 우리는 그리스도인으로서의 매력을 잃어버렸는지 모른다. 그 이유는 아마도 무엇보다 변화되지 않는 그리스도인의 삶에서 찾을 수 있을 것이다.

10) _____가 느껴지는 교회 분위기 때문이다.

오늘날 교회 성장이 안 되는 이유 중 하나는 교인들의 냉랭한 태도 때문이다. 뜨거워야 할 교회가 차가워지니 새로 나온 사람들이 한기를 느끼고 등록만 한 채 다시는 안 나오는 것이다. 성도들의 마음에 뜨거운 하나님의 사랑이 있어야 한다. 그래야 처음 나온 불신자들이 사랑의 온기를 느끼고 계속해서 교회에 나오게 되는 것이다.

11) 구원에 대한 _____때문이다.

현대의 그리스도인 대부분이 구원의 문제보다 생존의 문제에 빠져 허우적거리고 있다.

5. 전도 훈련이 왜 반드시 필요한가?

1) 주님은 _____로 전도를 준비하셨다.

말씀 살피기 |

35 새벽 아직도 밝기 전에 예수께서 일어나 나가 한적한 곳으로 가사 거기서 기도하시더니 36 시몬과 및 그와 함께 있는 자들이 예수의 뒤를 따라가 37 만나서 이르되 모든 사람이 주를 찾나이다 38 이르시되 우리가 다른 가까운 마을들로 가자 거기서도 전도하리니 내가 이를 위하여 왔노라 하시고 39 이에 온 갈릴리에 다니시며 그들의 여러 회당에서 전도하시고 또 귀신들을 내쫓으시더라(막 1:35~39)

주님은 새벽 미명부터 전도를 위해 기도하셨고 제자들에게 자신이 이 땅에 온 이유도 전도에 있다고 말씀하셨다. 우리도 새벽기도를 나만을 위한 기도의 시간으로 삼을 것이 아니라 예수님처럼 이웃의 죽어가는 영혼들의 구원을 위해 기도하는 시간으로 만들어야 한다.

2) 주님의 삶은 제자들을 _____로 훈련시키는 일이었다.

말씀 살피기 |

말씀하시되 나를 따라오라 내가 너희를 사람을 낚는 어부가 되게 하리라 하시니(마 4:19)

주님께서 공생애를 시작하시면서 제자들을 택하신 후 첫 번째 하신 말씀이 "나를 따라오라 내가 너희를 사람을 낚는 어부가 되게 하리라"였으며 이후 그 말씀대로 12명의 제자들에게 혹독한 전도 훈련을 시키셨다.

3) 교회는 유능한 전도자를 양성하는 _____이 되어야 한다.

말씀 살피기 |
어떤 이들은 투기와 분쟁으로, 어떤 이들은 착한 뜻으로 그리스도를 전파하나니(빌 1:15)

교회에서 전도 훈련을 하지 않거나 성도들이 "우리 교인들은 전도를 안 해."라고 말하게 되어서는 안 된다. 전도자는 처음부터 태어나는 것이 아니라 훈련을 통하여 다듬어지고 만들어지는 것이다.

4) 교회 내 10%의 _____가 먼저 변해야 한다.

말씀 살피기 |
그러므로 너희가 마게도냐와 아가야에 있는 모든 믿는 자의 본이 되었느니라(살전 1:7)

어느 단체든 10% 정도의 핵심 멤버들에 의하여 움직이며, 그들의 행동에 따라서 그 단체가 성장하느냐 후퇴하느냐가 결정된다. 그러므로 그 단체가 변화되고 성장하려면 중추적인 역할을 담당하는 10% 정도의 사람들이 먼저 변하고 성장을 추진해 나가야 한다.

5) 제자훈련과 성경공부는 _____로 완성되어야 한다.

말씀 살피기 |

빌기를 다하매 모인 곳이 진동하더니 무리가 다 성령이 충만하여 담대히 하나님의 말씀을 전하니라(행 4:31)

제자는 앉아서 배우기도 해야 하지만 나가서 증거하고 데려오는 것을 더 중요하게 여겨야 한다.
그리스도인들이 왜 본업을 잃어버렸을까?
❶ 자신이 무엇을 해야 좋을지 인생의 방향 감각을 잃어버려서
❷ 삶의 우선순위를 성공에 두어서
❸ 전도보다 친목, 교제를 우선시하는 교회 분위기 때문에
❹ 전도 영성을 상실했기 때문에(전도 무기력증)
❺ 불신자들과 관계를 맺지 않다 보니 주위에 그리스도인들만 있어서
❻ 생활이 너무 분주하여 전도할 시간을 내기 어려워서

6. 5분 복음 제시로 승부하라.

1) 복음 제시는 어떻게 해야 하는가?

말씀 살피기 |

4 내 말과 내 전도함이 설득력 있는 지혜의 말로 하지 아니하고 다만 성령의 나타나심과 능력으로 하여 5 너희 믿음이 사람의 지혜에 있지 아니하고 다만 하나님의 능력에 있게 하려 하였노라(고전 2:4~5)

❶ 준비하고 _____를 찾는다.
"구원받을 자가 누구입니까? 영생 주시기로 작정된 자가 누구입니까? 알게 해 주소서." 하고 기도한다.

- 안테나를 높이라 : 전도 대상자를 선정하는 것은 성경적이다.
- 전도 대상자의 범위를 정하라.

❷ 전도 대상자를 _____한다.
- 주님은 반드시 곧 재림하신다.
- 나는 죽는다.　　- 전도 대상자도 죽는다.

　　1) _____　　2) _____

　　3) _____　　4) _____

- 영적인 동정심이 생기는 사람을 정하라.
- 영적인 것에 관심을 가지고 있거나 기독교에 대해 긍정적인 반응을 보이는 대상을 정하라.
- 우리 교회에 나올 수 있는 사람을 정하라.

❸ 전도 대상자를 위한 _____를 시작한다.

- 그 사람을 잘 알게 해 주소서.
- 그 사람과 친해지게 해 주소서.
- 그 사람을 구원해 주시고 마음이 열리게 해 주소서.
- 전도의 방법을 알려 주소서.

❹ 친밀한 _____를 형성한다.

① 전도 대상자와 친밀한 관계를 형성하기 위해서는 6회 이상의 만남이 필요하다.

② 만남을 통해 전도 대상자의 정보 및 필요를 파악하라.

- 전도 대상자에 대해서 가능한 많은 것을 파악하기 위해 힘쓴다(영적, 육체적, 정신적, 정서적, 물질적 필요 등).
- 상대방의 사정을 파악하기 위해서 먼저 자신의 사정을 털어놓는 것도 좋다.

③ 깊은 사귐을 가져라.

- 전도 대상자의 특별한 날들을 기억하여 관심을 보여준다.
- 자신의 특별한 날에 전도 대상자를 초청하여 관심을 보여준다.
- 전도 대상자의 자녀에게 특별한 관심을 보임으로 사랑을 표현해 준다.
- 전도 대상자와 관련된 것들을 칭찬해 준다.
- 전도 대상자의 일들을 거들어 준다.
- 작은 것이라도 선물을 하며 함께 나눈다.

❺ _____을 제시한다.

① 대화하는 것을 전도의 기회로 삼으라.

- 자신이 다니고 있는 교회를 자랑하라.
- 담임목사님을 자랑하라.
- 개인적인 간증을 하며 하나님의 은혜를 나누라.
- 전도 대상자의 관심사로 대화의 물꼬를 트라.

② 복음을 전하라.
- 전도 대상자에게 복음을 증거할 장소와 시간을 계획하라.
- 전도 대상자에게 일대일로 복음을 증거하라.
- 복음 증거 시 성령님의 능력을 전적으로 신뢰하고 인정하라.

③ 교회로 인도하라.

- 기회를 놓치지 말라.
- "교회에 가보자.", "함께 예수 믿자."라고 말하라.
- 직접 데리고 오라.
- 등록을 권유하라. 단, 불쾌하게 하지 말라.

❻ _____를 받을 때까지 처음 마음으로 돌보아야 한다.

- 새가족 모임에 참여하게 하라.
- 구역과 선교회에 연결시켜 주라.
- 성경공부를 할 수 있게 하라.
- 주일예배 출석을 매주 체크하라.

2) 사영리의 장점과 단점은 각각 무엇인가?

말씀 살피기 |

다른 이로써는 구원을 받을 수 없나니 천하 사람 중에 구원을 받을 만한 다른 이름을 우리에게 주신 일이 없음이라 하였더라(행 4:12)

❶ 사영리의 장점은 무엇인가?

① _____전도 방법이다.
② _____의 사용이다.
③ _____이다.

❷ 사영리의 단점은 무엇인가?
① _____를 미워하시는 하나님에 대한 강조 부족이다.
② _____에 대한 불분명한 입장이다.
③ _____와 _____사상 결핍이다.
④ _____와 죄악 된 삶에서의 돌이킴이 없다.
⑤ _____을 인간 의지에 의한 행위로 강조한다.
⑥ 지나친 _____강조 및 그에 대한 오해이다.
⑦ _____구원이다.

3) 포커스 5분 전도법(5분이면 OK)

- 복음을 전할 때 지켜야 할 주의사항
1) 마음의 문이 열린 후 복음을 전해야 한다.
2) 복음의 주요 내용을 외워서 전하도록 한다.
3) 전도 대상자를 정죄하듯이 말해서는 안 된다.
4) 어려운 내용을 거론해서는 안 된다.

- 도입

1) 지금까지 살면서 받아 본 가장 값진 선물은 무엇입니까?

2) 우리 인생에 관한 확실한 세 가지 사실이 있습니다.
   ❶ '우리는' 언젠가 세상을 떠납니다.
   ❷ '우리는' 언제 세상을 떠날지 모릅니다.
   ❸ '우리는' 죽음 후 영원한 세계에 들어갑니다.

3) '선생님'의 건강, 장수, 행복을 빕니다. 그렇지만 내일 일을 모르는 것이 인생입니다.
   만일 하나님께서 - 오늘밤에 선생님의 생명을 거두어 가신다면 선생님께서 - 천국에 갈 확신이 있습니까?

<창조> 창조주 하나님과 인간의 관계 : 절대의존

말씀 살피기 |

집마다 지은 이가 있으니 만물을 지으신 이는 하나님이시라(히 3:4)

태초에 하나님께서 인간과 자연 만물을 창조하시고 에덴동산을 만드셔서 영원한 행복과 기쁨을 누리도록 하셨습니다.

<타락> 원죄(관계 단절, 독립, 분리)

말씀 살피기 |

그러므로 한 사람으로 말미암아 죄가 세상에 들어오고 죄로 말미암아 사망이 들어왔나니 이와 같이 모든 사람이 죄를 지었으므로 사망이 모든 사람에게 이르렀느니라(롬 5:12)

사람이 하나님의 말씀에 불순종하여 죄를 지음으로 하나님과 사람 사이의 관계가 깨어졌습니다. 사람은 고통을 당하고 죽어 지옥에 갈 수밖에 없는 운명에 처해졌습니다.
"사람은 죄를 짓기 때문에 죄인이 아니다. 죄인이기 때문에 죄를 짓는다."

1) 당신은 하나님 앞에 죄인이기 때문입니다.
2) 당신은 이 죗값으로 반드시 죽기 때문입니다.
3) 죽은 후에는 심판을 받아야 하기 때문입니다.

<노력> 선행, 교육, 철학, 수양, 종교

말씀 살피기 |

기록된 바 의인은 없나니 하나도 없으며(롬 3:10)

그래서 인간은 천국에 가려고, 영생을 얻으려고, 하나님께 도달하려고 많은 노력을 합니다.

1) 사람은 자신의 힘으로 - 도덕과 선행을 행하고, 수양을 하며, 또 여러 종교를 가지지만 이런 것들로는 천국에, 그리고 하나님께 갈 수 없습니다.

2) 하나님께서 - 말씀하시기를 인간의 죄는 그 무엇으로도 해결할 수 없다고 하셨습니다. 사람은 자신의 힘으로 결코 구원과 영생을 얻을 수 없습니다.

3) 죄 문제가 - 해결되지 않는 한 어떤 사람도 천국에, 그리고 하나님께 나아갈 수 없습니다.

<회개> 유턴 (방향 전환)

말씀 살피기 |

베드로가 이르되 너희가 회개하여 각각 예수 그리스도의 이름으로 세례를 받고 죄 사함을 받으라 그리하면 성령의 선물을 받으리니 (행 2:38)

회개는 단순한 마음의 변화를 뛰어넘는 것입니다. 그것은 일종의 심장 이식 수술입니다. 돌 같은 마음이 부드러운 마음으로 바뀌는 것입니다. 거기에는 죄의 고백과 죄악된 생활에서의 돌이킴 그리고 하나님을 향한 방향 전환이 있습니다.

예화 – AS 서비스 센터
사용하던 전자 제품이 고장 나면 그 제품을 만든 회사의 직원에게 애프터서비스를 받는 것처럼 우리의 인생에 문제가 생기면 우리를 만드신 하나님께 가지고 나아가야 한다. 우리에 대하여 하나님보다 더 잘 아시는 분은 없다.

<믿음> 산 비유 ⇔ 문 비유

말씀 살피기 |
네가 만일 네 입으로 예수를 주로 시인하며 또 하나님께서 그를 죽은 자 가운데서 살리신 것을 네 마음에 믿으면 구원을 받으리라(롬 10:9)

그러나 하나님께서 우리를 너무나 사랑하셔서 하나님께로 갈 수 있는, 천국에 갈 수 있는, 영생을 얻을 수 있는 오직 한 길을 마련해 두셨습니다. 그것은 바로 하나님의 아들 예수 그리스도이십니다. 예수님만이 사람의 죄 문제를 해결할 수 있는 유일한 구원의 길입니다. 하나님이신 예수님이 이 세상에 오셔야 했던 이유는 인간에게는 자신을 구원할 능력이 없기 때문입니다.

1. 예수님은 – 이 땅에 오셔서 우리 대신 죽으심으로 우리의 죗값을 지불하셨습니다.

2. 예수님은 – 죽은 지 삼 일 만에 다시 살아나셨습니다. 이를 믿기만 하면 우리에게 새 생명을 주십니다.

3. 오직 예수님만이 – 천국으로 가는 유일한 구원의 길입니다. 영생을 얻을 수 있는 유일한 길입니다.

<심판>

말씀 살피기 |
한 번 죽는 것은 사람에게 정해진 것이요 그 후에는 심판이 있으리니(히 9:27)

누구든지 죄 때문에 한 번은 죽게 되지만 죽음보다 더 중요한 것은 죽음 이후의 심판입니다. 사람들은 나이가 많아 일할 수 없을 때를 위해 노후 준비를 합니다. 그러나 노후 준비보다 더 중요한 것이 사후 준비입니다. 보험회사에 보험을 들면 노후 보장을 해주지만 예수님을 믿고 신앙생활을 하면 사후 보장을 해줍니다.
이 세상에 호텔이 있는 반면 감옥도 있는 것처럼 죽음 이후에는 천국뿐 아니라 지옥도 있습니다. 이 세상에서 죄를 지으면 감옥에 가는 것처럼 예수님을 믿지 않으면 사후에 반드시 지옥에 가게 됩니다.

예화
지옥이 없다는 사람에게 "당신은 죽어서 지옥에나 가시오."라고 했더니 펄쩍 뛰더랍니다. 그때 이렇게 말했답니다. "지옥이 없다면서 왜 화를 내십니까?"

<결단> 최종적으로 당신이 결단해야 한다.

1. 당신은 - 예수님을 마음속에 구주로 영접하면(믿으면) 됩니다.
2. 예수님이 - 당신에게 구원을 주시려고 찾아오셨습니다.
3. 당신은 - 죄를 고백하고 회개한 뒤 예수님을 믿기만 하면 구원, 영생을 얻을 수 있습니다.

<선물>
1) 선물은 빨리 받을수록 좋습니다.
2) 값없이 주는 영생 - 지금 받는 것이 좋습니다. 우리는 내일 일을 모릅니다.
3) 받은 후 만일 진리가 아니면 - 언제라도 버릴 수 있습니다.

<영접 기도>

하나님, 저는 죄인입니다. 그래서 죽어 지옥에 갈 수밖에 없습니다. 그렇지만 주님께서 저를 사랑하셔서 예수 그리스도를 이 세상에 보내주셨고, 저의 모든 죄로 인해 예수님께서 십자가에 못 박히시고 피 흘려 죽으셨다가 부활하셨음을 믿습니다. 저의 죄를 용서해주시고 지금 제 안에 들어오셔서 저의 구세주가 되어 주십시오. 우리에게 영생을 주신 예수님의 이름으로 기도드립니다. 아멘.

4) 전도 시 반대 질문에 적절히 대처하라!

"잠깐만요!" - 포커스 전도법 제시

❶ 하나님을 보여주면 교회에 가겠어요.

① 육체의 눈이 있으면 물체를 볼 수 있듯이 영혼의 눈이 있으면 하나님을 볼 수 있다.

② 태어날 때부터 맹인인 사람은 태양이 있어도 볼 수 없듯이 영혼의 눈이 감긴 사람은 하나님이 계셔도 볼 수가 없다. 영혼의 눈이 떠져야 비로소 하나님을 볼 수 있다.

❷ 천주교의 이미지가 훨씬 더 좋아요.

① 도입
(a) 천주교나 기독교나 성경을 믿는 것은 같지요?
(b) 천주교나 기독교나 예수님을 구주로 믿는 것은 같지요?
(c) 천주교나 기독교나 예수님을 믿고/ 세상을 떠난 후/ 천국가는 것은 같지요?

② 천주교와 기독교는 조금 다릅니다.

(a) 연옥설
천주교에서는 연옥이 있다고 가르치지만 성경에 의하면 연옥은 없고 천국과 지옥만 있습니다.
(b) 기도
천주교에서는 죽은 사람들(성자들과 마리아)의 이름으로 기도를 하지만(기도서에서, 또는 장례식에서 죽은 성자의 이름을 부름) 성경에 의하면 오직 예수님의 이름으로만 해야 됩니다.
(c) 죄 사함
천주교에서는 신부에게 고해성사를 하여 죄 사함을 받지만 죄 사함은 하나님만 하실 수 있습니다.
(d) 면죄부, 마리아의 종신 처녀설, 성상 숭배, 공덕 구원, 외경과 가경 등

❸ 저는 절에 다녀요.

① 도입

(a) 나를 낳으신 아버지는 한 분이시지요?
(b) 이 나라 대통령도 한 분이시지요?
(c) 우주 만물을 만드신 창조주는 몇 분일까요?(한 분이지요)

② 창조주 - 한 분

(a) 세상에 있는 수천 개의 종교 중 규모가 큰 것만 대략 100개 라고 합시다.
(b) 참 신이신 창조주가 한 분이면, 나머지 99개 종교는 어떻게 되는 건가요? 죄송하지만 헛수고하는 것은 아닐까요?

③ 당신의 생명은 하나뿐이고

(a) 언젠가 세상을 떠나고 / 언제 떠날지 모르고 / 세상 떠난 후 영원한 세계로 들어가겠지요?
(b) 자신이 믿는 신이 천국의 주인이겠거니 하고 세상을 떠나 가봤더니 그게 아니라면 어떻게 될까요? 영원한 낭패를 당하겠지요?

(c) 당신의 하나뿐인 생명을 위해 참 창조주를 찾는 것은 어떤 일보다 지혜로운 일이지요(세상을 떠난 후에는 기회가 없음).

"일생 동안 남녀의 무리를 속여 하늘을 넘치는 죄업은 수미산을 지나친다. 산채로 무간지옥에 떨어져서 그 한이 만 갈래나 되는도다."

– 성철 스님 법어(고려문학사 출판, p.24)

❹ 기독교인이 더 나빠요.

- 인정하되 의인인 척 변호하지 말라.
- 자신도 같은 죄인임을 인정하라.

① 알곡과 가라지(짝퉁과 명품이 같이 공존함)
우리 교회 성도님들은 너무 좋습니다.

② 그렇지만 그건 지엽적인 것이고
제가 지금 드리는 말씀은 선생님의 하나뿐인 생명에 관한 이야기입니다.

③ 선생님의 생명은 하나뿐이고 / 언젠가 세상을 떠나고 / 언제 떠날지 모르고 / 세상 떠난 후 영원한 세계(천국 또는 지옥)에 들어갑니다.

"잠깐만요!" – 포커스 전도법 제시

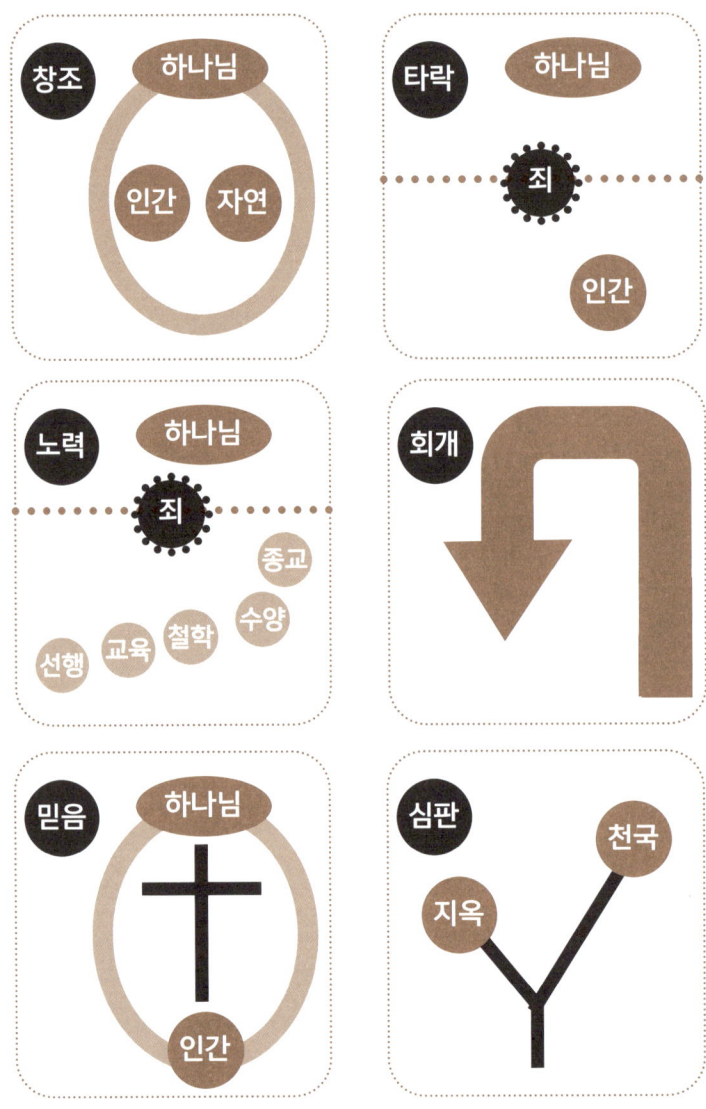

| 은혜 나누기 |

1. 이 과를 통해 가장 마음에 와닿는 말씀은 무엇입니까?

2. 그 말씀을 붙잡고 어떻게 실천할 것입니까?

3. 다 함께 은혜의 말씀과 실천해야 할 일을 위해 기도합시다.

| 다짐하기 |

7과 교회의 갈등, 십자가의 사랑으로 극복하라

1. 교회에 대한 환상 버리기

말씀 살피기 |

그때에 제자가 더 많아졌는데 헬라파 유대인들이 자기의 과부들이 매일의 구제에 빠지므로 히브리파 사람을 원망하니(행 6:1)

우리는 교회에 대해 말할 때 흔히 이상적인 교회의 모습을 연상하며 이야기한다. 그래서 교회에 갈등이나 분쟁이 일어나면 일반적으로 "하나님의 자녀들이 모인 교회에서 어떻게 이런 일이 일어날 수 있는가?"라는 식의 반응을 나타낸다. 그러면서 교회에 대해 실망과 회의를 품게 된다.
그러나 목회자가 얼마나 헌신적이며, 성도들이 하나님 나라 확장을 위해 얼마나 애쓰는지에 관계없이 교회에는 갈등이 늘 존재하기 마련이다.

1) 교회에 부름을 받아 모여든 개개인들이 이미 완전히 거룩하게 변화된 것이 아니라 아직 변화되는 _____에 있기 때문이다.

2) 교회에 _____과 _____가 함께 섞여 있기 때문이다.

2. 교회에서 갈등이 생기는 원인은 무엇인가?

① 교회의 갑작스런 성장이나 교인의 감소
② 재정 지출이 큰 사역을 진행할 때나 교회 재산을 정리할 때
③ 항존직 선출 시
④ 교회 안의 세대 교체 – 담임목사나 장로의 은퇴, 각 기관장이나 임원들의 교체
⑤ 담임목사의 장기간의 외유나 잦은 타 교회 집회 사역
⑥ 목사 가정에 어려운 일이 생길 때 – 부도덕한 일, 가족이나 자녀의 문제 등
⑦ 개인 또는 기관 간의 상충된 요구 사항이 팽팽하게 맞설 때
⑧ 기득권 또는 주도권 다툼을 할 때
⑨ 교회의 통합이나 폐쇄

갈등이 전혀 없는 이상적인 교회는 이 땅에 존재하지 않는다. 따라서 갈등이 존재하지 않는 교회가 건강한 교회가 아니라

갈등이 생길 때마다 지혜롭게 해결해 나가고, 또 그 갈등을 성장과 성숙의 기회로 삼는 교회가 건강한 교회이다.

3. 교회 갈등을 처리하는 성경적 원리는 무엇인가?

1) _____의 갈등

   - 하나님과 인간의 갈등
   - 사탄과 인간의 갈등
   - 아담과 하와의 갈등

2) _____의 갈등

   - 하나님과 모세의 갈등
   - 모세와 아론, 미리암의 갈등

3) _____의 갈등

   - 헬라파 과부와 히브리파 과부의 갈등
   - 이방 신자와 유대 신자 간의 갈등

4) _____교회의 갈등

- 바울파, 아볼로파, 베드로파, 그리스도파

4. 교회의 갈등은 어떻게 풀어가야 하는가?

교회의 갈등은 성도 개개인의 인격적 미성숙(결함)이 원인이 되는 경우도 많지만, 많은 경우 교회가 결정하고 풀어야 할 문제를 제대로 해결하지 못해서 발생한다.

1) 다양한 _____이 가능한 경우에는 협력과 타협을 통해 결정해야 한다.

2) 양자택일의 경우에는 사람들을 설득하고, 극한 상황에서는 반드시 _____을 따라서 공식적으로 결정해야 한다.

3) 신앙 가치관의 차이로 인한 갈등의 경우 _____이나 _____을 통해 해결이 가능하다.

5. 교인의 기본적 욕구가 채워질 때 갈등은 해결된다.

1) _____

소속감은 한 집단의 일원으로 여겨지는 것으로, 공동체에 속한 구성원들이 서로에게 관심을 가져 집단의 바깥에 있는 느낌이 아니라 안에 속한 느낌을 갖는 상태를 뜻한다.

2) _____

자신이 속해 있는 공동체에서 중요한 사람으로 인식될 때 자존감이 높아지고 헌신도가 깊어진다.

3) _____

공동체 내에서 거부당하는 것이 아니라 구성원들과 사랑과 정을 나누는 상태를 말한다.

| 은혜 나누기 |

1. 이 과를 통해 가장 마음에 와닿는 말씀은 무엇입니까?

2. 그 말씀을 붙잡고 어떻게 실천할 것입니까?

3. 다 함께 은혜의 말씀과 실천해야 할 일을 위해 기도합시다.

| 다짐하기 |

8과 평생 이단에 빠지지 않는 참된 신앙

1. 이단의 정체는 무엇인가?

말씀 살피기 |
이단에 속한 사람을 한두 번 훈계한 후에 멀리하라(딛 3:10)
다른 복음은 없나니 다만 어떤 사람들이 너희를 교란하여 그리스도의 복음을 변하게 하려 함이라(갈 1:7)

1) 구약성경에서 말하는 이단은 무엇인가?

❶ 인간의 자율 이성을 부추겨 자신을 하나님같이 보게 만든 _____신이다.

❷ 각 지역의 부족이나 민족들의 풍속 안에 빌붙어서 신앙의 개체로 군림하는 _____신들이다.

❸ 하나님은 떠나버렸는데(렘 3:16) 그것을 깨닫지 못하고 율법적 겉치레만 강요하는 _____신이다.

2) 신약성경에서 말하는 이단은 무엇인가?

❶ 이단은 _____의 논설로 이루어진 기독교의 형태이다.

성경 곡해의 논설이란 하나님의 말씀인 진리를 거역하고 인간이 사적인 탐심으로 지어낸 말로, 진리에 어긋난(벧전 2:3~4) 이론을 말한다. 그러므로 당연히 비성경적(행 5:17)이며 비복음적(갈 1:7)이다.

❷ 이단은 _____의 교리로 전통에 역행하는 기독교 형태이다.

전통 부정 교리란 사도시대부터 내려온 제도와 관행을 변경함으로 교회의 단결을 저해하고 분열을 획책(고전 1:11~12; 11:18~19; 벧후 2:1)하는 것을 말한다.

❸ 이단은 공해사익의 행위로 타인에게는 막대한 손해를 입히면서 자신의 유익은 한없이 추구(벧전 2:3; 골 2:4; 고후 2:17; 딤전 6:5)하는 자들이다.

2. 이단과 사이비의 특징은 무엇인가?

① 성경이 신앙생활의 유일한 표준이라는 것을 부정한다.
② 하나님과의 직통계시를 주장하며 교주를 신격화한다.
③ 이신칭의(믿음으로 구원받음) 교리를 부정하며 자신들에게만 구원이 있다고 강조한다.
④ 윤리 의식과 사회 책임 의식이 약해 삶이 비윤리적이며, 교리 또한 부도덕하다.
⑤ 종말론을 의도적으로 강조한다.
⑥ 사후 천국보다 가시적인 천국, 혹은 지상천국을 강조한다.
⑦ 자신들의 조직을 외부와 단절시키고 폐쇄적으로 운영한다.

3. 이단인지 아닌지 확인하는 방법은 무엇인가?

① 정통교회가 신구약 66권을 정경으로 받아들이는 데 반해 이단들은 신구약 성경보다 다른 복음에 권위를 부여하며, 하나님의 특별계시의 계속성을 주장한다.

② 정통교회는 예수 그리스도의 십자가 구속의 도를 믿는 데 반하여 이단들은 이를 부인한다.

③ 이단은 사도신경에 담긴 내용으로 신앙고백을 하지 않는다(사도신경을 공예배에서 신앙고백문으로 사용하는지의 여부는 교단마다 약간의 차이가 있다. 그러나 그 내용은 모두 인정한다).

④ 이단과 사이비들은 대부분 기성교회 교인들을 대상으로 미혹한다.

⑤ 이단들은 자신들의 지도자를 숭배의 대상으로 삼거나 신격화한다.

⑥ 이단은 불건전한 신비주의 온상에서 독버섯처럼 발생한다.

⑦ 성경 해석에 있어 이단들은 자의적인 해석이나 상징적인 해석으로 오류를 범한다.

4. 이단을 쉽게 분별하는 방법은 무엇인가?

① 자신들의 종파의 교주가 집필한 서적을 '새 진리'라고 주장하는 종파는 이단이다(계시론).
② 삼위일체 신학에 대한 잘못된 주장, 특히 성령을 인격이 아

니라 '활동력'이라고 한다든지, 성령을 인간으로 대체한다든지, 교주를 하나님이라고 주장하는 곳은 이단이다(신론).

③ 그리스도의 성육신과 신성과 인성, 십자가 대속 및 부활을 믿지 않거나 전통적 기독교와 다른 주장을 하는 자들은 이단이다(기독론).

④ 전통적 기독교회를 부인하거나 왜곡하는 자들은 이단이다(교회론).

⑤ 자신들의 예언에 따른 종말의 교리를 강조하여 사회적 불안과 위기감을 조성하며 긴박한 재림, 시한부 종말을 주장하면 이단이다(종말론).

5. 한국교회에 나타난 이단은 어떤 유형인가?

1) _____ 유형

대표적으로 통일교가 여기에 해당된다. 동서양의 다종교 사상을 합쳐 놓아 모순, 상충되는 원리들을 종교적 영감과 계시로 빙자하거나 위장하여 사람들을 미혹한다. 한국의 마귀론과 귀

신론도 성경과는 거리가 먼 무속 문화와 혼합되어 있고, 개인의 신비적인 체험을 기초로 하고 있다.

2) _____ 유형

현세의 부귀영화를 달성하고 질병이나 재앙을 피해보려는 신앙 형태로, 남이 어떻게 되든 자신만 복을 받으면 된다는 기복주의적 신앙이 한국의 이단과 사이비에 강하게 나타난다. 이들에게는 이웃과 사회에 대한 윤리적 책임 의식이 없다.

3) _____ 유형

신비주의와 이단은 밀접한 관계가 있다. 많은 이단의 교주들이 투시, 예언, 안찰, 안수, 방언, 통역, 진동, 축귀, 환상, 치병, 몽시, 입신 등의 신비한 능력을 자랑한다. 그리고 이것을 무기 삼아 성도들을 유인한다. 지나치게 감정에 치우친 광신적 신비주의는 인간으로 하여금 무아지경에 빠지게 하여 무인격, 무의식, 탈사회 현상을 초래하며 교회와 사회에 많은 피해를 준다.

4) _____ 및 _____ 유형

이 유형은 민족적 주체의식을 내세우면서 소위 기독교에서 서양적인 것을 제거하고 한국적인 것을 취해야 한다고 주장한다. 이로 인해 반선교주의, 반교권주의, 자유주의 신앙의 성향을 나타낸다.

5) _____ 유형

예수님의 재림을 강조하여 그 일시를 정해 놓고 그것이 틀릴 경우 나름대로 이유를 들어 합리화하면서 계속적으로 시한부 종말론을 주장하는 유형이다. 1992년 10월 28일 종말이 임한다고 외쳤다가 세계적으로 웃음거리가 되었던 다미선교회가 여기에 속한다. 경제가 어렵거나 사회의 혼란이 가중될 때마다 이러한 시한부종말론은 더욱 극성을 부린다.

6. 이단에 쉽게 빠지는 이유는 무엇인가?

1) 구원의 확신이 없고 교회생활에 _____ 하지 못하기 때문이다.

2) 이단들의 끊임없는 전도와 그 _____의 진화 때문이다.

3) 이단에 대한 상식이 부족하고 어긋난 _____이 강하기 때문이다.

7. 이단 예방 대책은 무엇인가?

1) 교회의 건강성 회복하기

❶ 가정이 따스함이 넘치는 사랑의 공동체가 되어야 한다. 가정 회복은 이단이 틈 탈 기회를 봉쇄한다.
❷ 목회자의 지도하에 교우들과 함께 지속적으로 성경말씀을 배워야 한다.
❸ 목회자들은 교인들의 영적인 욕구를 잘 파악하고 적절히 채워줘야 한다.
❹ 자신이 소속되어 있는 교회에서 성실한 봉사자로 섬겨야 한다.
❺ 지상에서 가장 거룩한 하나님의 교회도 불건전한 인간들이 모인 곳이라는 사실을 인식해야 한다.

2) 이단에 대한 예방 훈련하기

❶ 예방 교육 강화
❷ 신세대 청년(20세 정도의 연령)
❸ 문제 있는 청년이나 성도들에 대한 특별한 관심과 지도

8. 이단에 빠지지 않고 평생 복된 신앙생활을 할 수 있는 방법은 무엇인가?

1) 건전하고 복음적인 _____를 선택해야 한다.

2) 담임목회자가 _____을 어디에서 했는지도 확인해야 한다.

3) _____중심적인 신앙생활을 해야 한다.

4) 구원의 _____을 가져야 한다.

5) 성경적인 _____을 키워야 한다.

| 은혜 나누기 |

1. 이 과를 통해 가장 마음에 와닿는 말씀은 무엇입니까?

2. 그 말씀을 붙잡고 어떻게 실천할 것입니까?

3. 다 함께 은혜의 말씀과 실천해야 할 일을 위해 기도합시다.

| 다짐하기 |

성경적인 직분의 정체성과 역할

1. 목사

교회에 있어서 모든 직분은 중요하다. 왜냐하면 모든 직분들이 한결같이 그리스도와 그의 통치를 선포하는 것이기 때문이다. 하지만 교회에서 가장 중요하게 여기는 직분은 바로 목사이다. 그래서 그는 목사라는 직분을 평신도들과 구분하여 "하나님의 일을 대행하는 자", "하나님의 도구", "그리스도의 봉사자들" 혹은 "하나님의 비밀을 맡은 자"라고 하였다. 뿐만 아니라 목사의 직분은 하나님으로부터 교회 위에 내려진 것이지 결코 교회로부터 생겨나거나 만들어진 것이 아니라고 하였다.(바울?)

목사의 직임은 공적으로, 사적으로 가르치고 훈계하고, 권면하고, 책망하기 위해 하나님의 말씀을 전하는 것과 성례를 집례하는 것과 장로들 및 동역자들과 함께 형제로서의 교정을 하는 것이다. 교회 안에서 혼란이 생기지 않기 위해서는 아무도 부름이 없이는 이 직책을 맡을 수 없다. 부름에는 두 가지, 즉 내적 부름과 외적 부름이 있다. 내적 부름은 목사 자신이 하나님 앞에서 의식하는 것으로 본인 이외에 아무도 그가 하나님으로부터 부름을 받았는지 확인할 수 없다. 그러나 하나님을 참으로 두려워하며 교회를 세우려는 욕구가 있는지를 봄으로써 그의 내적 부름을 어느 정도 알 수 있다. 외적 부름은 교회가 목사로 부르는 것인데 여기에는 두 가지 조건이 있다. 즉, 건전한 교리와 거룩한 삶을 구비했는가 하는 것이다.

 이 두 조건을 구비한 사람들을 목사로 뽑는 데 있어서 교인들의 동의를 받을 것을 강조하고 있다. 전체 교회가 뽑는 방법, 동료 목사들과 장로들이 뽑는 방법, 한 개인이 뽑는 방법 등이 있을 수 있다. 이 방법들 중 "적합하게 보이는 사람이 교인들의 동의와 찬성에 의해 선임될 때 우리는 목사의 이 부름을 하나님의 말씀에 따라 합법적인 것으로 간주한다."라고 말한다.

 그러면 목사의 임무는 무엇인가? 디도서 1장 9절[1]의 근거로, 말씀을 선포하고 가르치며, 성례전을 올바로 집행하고, 하나님께서 맡기신 양 떼를 지키고 돌보는 파수꾼으로서 권징의 책임이 있음을 역설하였다. 그는 "이 구절들과 빈번히 나오는 유사한 구절들로 추론해 볼 때, 우리는 목사의 직분에 복음을 전하며, 성례를 집행한다는 두 가지 특수한 기능이 있다고 할 수 있다."라고 하였다. 또, 성경은 목사에게 신자들에게 성결한 삶의 모범이 되어야할 책임이 있음도 강조하였다. 왜냐하면 바로 이것이 목사직이 다른 어떤 직분보다도 우위에 있는 근거요, 이유이기 때문이다.

 목사는 교회 안에 악한 일이 발생할 경우, 권징을 통해서 교회 질서를 바로 잡아야 하고, 교회 밖으로부터 거짓 교사나 거짓 예언자들이 양 떼를 앗아가려고 유혹하는 경우 목사는 양 떼에게 경종을 울려 그들을 지켜야 할 책임이 있는 것이다. 그럼에도 만일 목사가 이러한 사명을 잘 감당하지 못할 때에, 곧 자신에게 맡겨진 양 떼를 돌아보는 일에 최선을 다하지 않았을 때에 그는 주님께 무서운 책망을 받게 될 것이다. 그래서 칼빈은 목사의 직임에 대한 헌신을 크게 강조하였다.

그러나 나는 지금 선한 목사의 은사가 무엇인가를 자세히 말하려는 것이 아니라 오직 목사로 지칭하는 사람들이 무엇을 해야 하는가를 보이려는 것뿐이다. 즉, 그들이 교회에 임명된 것은 무위도식하라는 것이 아니라, 그리스도의 교훈으로 사람들에게 진정한 경건을 가르치며, 거룩한 성례를 집행하고, 올바른 치리를 유지하며 실시하라는 것이다. 교회의 파수꾼으로 임명된 모든 사람을 향하여 주께서는 만일 그들의 게으름으로 인해서 어떤 사람이 무지 가운데 멸망한다면 '그 피 값을 네 손에서 찾을 것'이라고(겔 3:18) 선포하신다.[2]

또한 칼빈에 의하면 목사는 모든 일이 혼란에 빠지지 않도록 지켜야 할 과업을 가진 사람이며, 자기 교회에 매여 있는 사람이다. 그렇기 때문에 목사는 하나님께서 만드신 질서를 따라서 다른 사람의 영역을 넘볼 수 없으며, 하나님께서 자신에게 맡겨주신 임지에서 충성을 다해야 한다.

목사는 모든 일이 혼란에 빠지지 않도록 지켜야 할 과업을 가진다. 일정한 임지나 목적이 없이 돌아다니며, 교회를 세우는 일보다는 목사 자신의 일에 관심을 두고 마음대로 교회를 버리고 함부로 한 장소에 모이는 것은 혼란을 야기한다. 따라서 목사는 자기의 한계에 만족하며 다른 사람의 영역을 침입하지 않는다는 이 조정을 가능한 한 전체적으로 준수하여야 한다. 이것은 사람이 고안해 낸 것이 아니고 하나님께서 몸소 정하신 일이다.[3]

칼빈은 "하나님의 교회를 돌보고 맡으려고 하는 사람은 하나님의 소명이라는 법에 자기가 매인다는 것을 지각해야 하며", 이에 따라서 그는 "만약 다른 곳으로 옮기는 것이 유익하다고 하더라도 자신의 개인적인 결정으로 시도할 것이 아니라 공적인 인가를 기다려야 한다."라고 주장한다.[4)] 그는 이 소명과 관련하여, 교회 안에서 혼란이 생기지 않기 위해서는 누구도 소명이 없이는 이 직책을 맡을 수 없다고 했다. 그리고 소명은 내적인 소명과 외적인 소명이 있는데, 내적인 소명은 목사 자신이 하나님 앞에서 의식하는 것으로 그가 얼마나 하나님을 참으로 두려워하며 교회를 세우려는 욕구가 있는지를 봄으로써 이것을 확인할 수 있다고 했다. 그리고 외적인 소명은 교회가 목사로 부르는 것인데, 이것은 '건전한 교리와 거룩한 삶을 구비했는가.' 하는 것과 관련이 있었다. 이렇게 두 조건을 구비한 사람을 목사로 뽑는데, 특히 교인들의 동의를 받을 것을 칼빈은 강조하였다. 그는 "적합하게 보이는 사람들이 교인들의 동의와 찬성에 의해 선임될 때, 우리는 목사의 이 소명을 하나님의 말씀에 따라 합법적인 것으로 간주한다."라고 하였다.[5)]

2. 교사

칼빈은 직분 중에서도 복음을 선포하는 직분을 특히 중요하다고 생각한다. 그리하여 그는 『기독교 강요』에서 "하나님께서 사람들을 위해서 교사들을 세우신 것은 그들에 대한 특별한 은혜"라고 말하면서 다음과 같이 교사직의 중요성과 영광스러움을 서

술하고 있다.

하나님께서 사람들을 위해서 교사들을 세우신 것은 그들에 대한 특별한 은혜라고 증거하신다. 예언자에게 명하셔서 "좋은 소식을 가져오며 평화를 공포하는 자의 발이 아름답도다"(사 52:7)라고 외치게 하시며, 사도들을 "세상의 빛"과 "세상의 소금"이라고 부르신다(마 5:13-14). 그리고 "너희 말을 듣는 자는 곧 내 말을 듣는 것이요 너희를 저버리는 자는 곧 나를 저버리는 것이요"라고 말씀하셨을 때(눅 10:16) 이 직분은 최상의 찬미를 받았다.[6]

교회의 직임으로 목사 다음에 교사가 있다. 그런데 "교사들의 고유한 직임은 복음의 순수성이 무지나 유해한 견해들에 의해 부패되지 않도록 건전한 교리로 신자들을 교육하는 것이다." 칼빈의 교회론에서 교사는 중요한 위치를 차지한다. "예언자의 직임은 그들이 계시라고 하는 독특한 은사를 가지기 때문에 더욱 탁월했다. 그런데 교사들의 직임은 거의 비슷한 특징과 정확하게 동일한 목적을 가지고 있다."라고 칼빈은 말한다.

칼빈이 말하는 교사는 단순히 교사를 의미하기보다는 오히려 예언자 혹은 신학자를 의미한다고 할 수 있다. 그래서 그는 "우리 시대의 교사들은 고대의 선지자에 그리고 목사는 사도에 해당된다. 선지자의 직분은 그 탁월한 계시의 특별한 은사 때문에 더욱 두드러졌다. 그러나 교사의 직분도 성격이 매우 비슷하며 그 목적이 정확히 같다."라고 하였다.

교사는 이렇게 목사의 직분과 비슷한 측면을 가지고 있다. 그래서 칼빈은 목사직과 교사직을 하나로 묶어 교회의 네 직분 대신에 세 직분으로 말하기도 하였다. 교사의 임무는 구체적으로 성경 해석의 책임을 맡아 건전하고 순수한 교리를 유지하는 것이다. 그래서 칼빈은 교사와 목사의 차이에 대하여 다음과 같이 설명하였다.

"나는 둘 사이의 차이가 다음과 같다고 믿는다. 교사들은 제자 훈련이나 성례 집행이나 경고나 권면을 하는 일을 맡지 않고 성경을 해석하는 일을 맡았다. 이것은 신자들 사이에서 교리를 온전하고 순수하게 유지하려는 것이었다. 목사직은 그 자체 내에 이 모든 기능을 포함시킨다."[7]

이렇게 목사와 교사는 교회에서 가장 본질적인 기능을 감당하는 직분으로서, 칼빈의 고백처럼 "그들이 없이는 교회가 유지될 수 없는 직분"이다.[8] 또한 하나님은 이들의 입을 통하여 자신을 우리들에게 말씀하신다. 즉 하나님은 자기 백성을 가르치시려고 '목사와 교사들'을 임명하셨고, 그들에게 권위를 주셨으며, 그들의 입술에 권세를 주셨고, 신앙의 거룩한 일치와 올바른 질서를 위해 도움이 되는 것은 하나도 빠뜨리지 않으시고 그들에게 주셨다.

특히 칼빈은 교사의 직임을 중시함으로써 교회의 교육적 사명을 강조하였다. 그는 실제로 대학을 세웠으며, 제네바 교회의 교리문답 308항의 질문을 "그리스도인은 목사로부터 한 번 교육을 받은 것으로 충분한가? 아니면 평생 동안 이 교육을 받아야 하는가?" 하고 질문한다. 그리고 이어서 답으로 말하기를 "계속하지 않는다면 시작한 것으로는 별 의미가 없습니다. 우리는 끝까지 혹은 더 낮게 말해 끝없이 그리스도의 제자가 되어야 하기 때문입니다."라고 하였다. 이렇게 그는 모든 신자들이 끊임없이 교육을 받아 더욱 온전한 예수 그리스도의 제자가 되기 위해서 평생 교육을 받아야 함을 강조하고 있는 것이다. 그는 심지어 "가르치는 직임을 수행하지 않는다면 그는 교회의 참된 목회자가 아니다."라고 말하기까지 하였다.

이렇게 칼빈은 교회의 본질 중 교육의 기능을 매우 강조하였다. 그러므로 교사의 직분은 그에게 있어서 대단히 중요한 의미를 가지는 것이었다.

교회의 중요한 직무는 가르치는 것이다. 따라서 교회는 명확히 "학교"로 기술될 수도 있을 것이다. 때때로 칼빈 역시 그렇게 언급했다. 더욱이 몇 개의 그의 지도자 개념은 명백히 교육적인 함의를 갖고 있다. 두드러진 것은 "훈육" 그 자체로, 그 첫째 의미가 바로 '가르침'과 '지도'와 '훈련'이며 또한 권징의 면에서 '징계'와 '매'의 의미이다.

이상과 같이 칼빈은 교회의 가르치는 직무를 강조함으로써 교사의 직분이 목사의 직분과 함께 교회에서 없어서는 안 될 가장 중요한 두 가지의 직분 중의 하나임을 역설하였다.

3. 장로

장로는 과연 어떤 직분인가? 사실 칼빈은 교회를 다스리는 사람들을 구체적으로 구분하지 않고, 성경이 나타내고 있는 대로 혼용하여 부른다. 그는 "내가 교회를 다스리는 사람들을 '감독',

'장로', '목사' 또는 '사역자'라고 구별하지 않고 부른 것은 성경의 용법에 따른 것이다. 성경은 이 용어들을 구별 없이 사용한다. 말씀을 전하는 사람들을 성경은 모두 '감독'이라고 부른다."라고 한 것이다.

교회의 세 번째 직임은 장로이다. 그런데 "그들의 직임은 모든 사람의 삶을 감독하고, 잘못되거나 무질서한 삶을 사는 자들을 보았을 때 다정하게 훈계하고 그리고 필요한 경우, 형제로서의 교정을 위해 파송될 회합에 보고하고 그리고 다른 사람들과 함께 형제로서 교정을 하는 것이다."

칼빈의 직계를 따르면 장로라고 하는 직분은 말씀이 아니라 권징, 곧 목사와 함께 교회의 치리를 맡아 다스리는 직분이다. 그래서 칼빈은 "다스리는 사람들은 신자들 사이에서 선택된 장로들이었으며, 감독들과 함께 도덕적인 견책과 권징을 시행하는 일을 맡았다고 나는 믿는다."라고 하였다.[9]

이와 같이 칼빈이 말하는 장로는 설교권을 가지지 않는, 다스리는 장로였다. 이렇게 다스리는 직책을 맡은 장로는 부지런하고, 경건하며, 근엄하고, 거룩한 사람이어야 한다는 것이 그의 생각이었다. 장로라는 직분은 한 시대에만 국한된 것이 아니라 모든 시대에 필요한 직분이다. 그래서 칼빈은 "이런 직분이 한 시대에만 국한된 것이 아님은 우리 경험으로 보아서 분명하다. 그러므로 이 다스리는 직분은 모든 시대에 필요하다."라고 주장하였다.[10]

4. 집사

칼빈에 의하면 집사는 교회를 위하여 구제사업을 관리하며 직접 빈민들을 돌아보는 직임을 맡은 사람이다. "성경에서 집사라고 명명되는 사람들은 구제 물자를 분배하며 가난한 자들을 돌보고 빈민 구제금을 관리하는 일을 교회로부터 맡은 사람들"이다.[11] 그런데 칼빈은 로마서 12장 8절[12]의 말씀을 근거로 초대교회의 집사직에는 두 가지 다른 역할이 있었다고 주장한다.

로마서에는 '구제하는 자는 성실함으로.... 긍휼을 베푸는 자는 즐거움으로 할 것이니라'고 두 가지 종류가 언급되어 있다. 여기서 바울은 틀림없이 교회 내의 공적 직분에 대해 말하고 있는 것이다. 따라서 집사직에는 두 가지 다른 역할이 있었을 것이다. 만일 내 생각이 틀리지 않는다면, 바울은 첫 문장에서 구제 물자를 나누어 주는 집사들을 가리키고 있다. 그러나 둘째 문장은 빈민과 병자들을 돌보는 사람들을 말한다.... 여자들이 맡을 수 있는 유일한 공적 직분은 구제하는 일에 헌신하는 것뿐이었다. 이 해석을 인정한다면, 집사에는 두 종류가 있는데, 교회의 구제사업을 관리하는 집사들과 직접 빈민을 돌보는 집사들이다.[13]

교회의 네 번째 직임은 집사이다. 집사에는 두 종류가 있다. "고대 교회에는 항상 두 종류가 있었는데, 하나는 불우한 자들을 위한 물질을 받아 나누어 주고 보관했는데, 매일의 구제금뿐만 아니라 재산, 세, 연금 등도 맡았다. 다른 하나는 병자들을 보살피고 간호하며 불우한 자들을 위한 구제품을 관리했다." 칼빈은 로마서 12장 8절[14]에서 집사의 이 직분을 추론해 낸다. 중세기에 집사는 예배 의식을 도와주는 사람에 불과했으나 칼빈은 환자와 불우한 자를 돌보아 주는 집사의 본래의 직능을 회복시켰다.

이와 같이 칼빈에게 있어서 집사직은 초대교회의 본래 집사직의 회복이었다. 그래서 워커는 초대교회의 집사제도를 부활시킨 것을 칼빈의 위대한 업적으로 보았다. 즉 중세기의 집사는 예배 의식을 도와주는 사람에 불과했으나, 이에 비해 칼빈은 환자와 불우한 자를 돕는 초대교회의 본래 집사직을 부활시켰던 것이다. 그러므로 칼빈의 집사직은 초대교회의 집사제도를 그대로 수용하며 발전시킨 것이라고 할 수 있다. 그래서 그는 다음과 같이 초대교회의 집사직에 대하여 소개하면서 그것을 본받는 것이 마땅하다고 주장한다.

헬라파 유대인들이 자기들의 과부들은 매일 구제에서 제외된다는 소문을 퍼뜨리기 시작했을 때, 사도들은 자기들은 말씀 전하는 일과 공궤의 기능을 모두 이룰 수 없다는 이유로 정직한 사람 일곱 명을 택해서 이 일을 맡기라고 신자들에게 부탁했다. 그러므로 이런 종류의 집사들이 사도들의 교회에 있었고 우리도 그것을 본받는 것이 당연하다.[15]

각주

1) 미쁜 말씀의 가르침을 그대로 지켜야 하리니 이는 능히 바른 교훈으로 권면하고 거스려 말하는 자들을 책망하게 하려 함이라

2) Ibid.

3) <기독교 강요> IV. 3. 7.

4) Ibid.

5) <기독교 강요> IV. 3. 15.

6) <기독교 강요> IV. 3. 3.

7) <기독교 강요> IV. 3. 4.

8) Ibid.

9) Ibid.

10) Ibid.

11) <기독교 강요> IV. 3. 9.

12) 혹 권위하는 자면 권위하는 일로, 구제하는 자는 성실함으로, 다스리는 자는 부지런함으로, 긍휼을 베푸는 자는 즐거움으로 할 것이니라

13) <기독교 강요> IV. 3. 9.

14) 혹 권위하는 자면 권위하는 일로, 구제하는 자는 성실함으로, 다스리는 자는 부지런함으로, 긍휼을 베푸는 자는 즐거움으로 할 것이니라

15) Ibib.

[정답]

1과 정답

1. 1) 섬기는 자 2) 일꾼 3) 사역자 4) 전달자
   4) ① 위임자   ②수호자   ③ 전달   ④ 경영
2. 1) 성령 충만 2) 지혜 3) 칭찬   3. 1) 동역자 2) 섬기기 3) 핵

2과 정답

1. 1) 아무것도 2) 아무거나 3) 잘못된 것 4) 올바른
2. 1) 의존 ❶ 믿음 ❷ 충성 ①복음 ②위탁하다 ③예수 그리스도(1세대)→바울(2세대)→디모데(3세대)→충성된 사람들(4세대)→다른 사람들(5세대) ❸ 순종 2) 성숙 3) 선한 싸움
3. 1) ❶ 종 ❷ 굴복하다 ❸ 입 맞추다   2) ❶ 기쁘시게 ❷ 감사 ❸ 경험
4. 1) 표현 2) 예배 3) 명령 ❶ 순종 ❷ 인정 4) 성경적 ❶ 규칙적, 체계적 ❷ 수입 ❸ 자원 ❹ 기쁨

3과 정답

1. 2) ❶ 관계 ❷ 성령님 ❸ 재현
2. 1) 은사 체험 2) 고행 3) 실천 4) 반 지성적
3. 1) 은혜 2) 공동체 3) 균형 4) 현실 세계 5) 말씀 6) 성화 7) 전도 8) 실현 9) 문화 10) 재림 신앙
4. 1) 그리스도 2) 약함 3) 부요함 4) 성숙 5) 말씀, 성례

4과 정답

1. 1) 사랑 2) 섬김 3) 구원   2. 1) 종 2) 목자 3) 청지기
3. 1) 목자 2) 영성 3) 인격 4) 영혼 5) 선교 6) 비전 7) 권위 8) 사역 철학 9) 팀웍 10) 전문성

5과 정답

1. 1) 쌍방향 2) 유산소 3) 성취하는 4) 열쇠

2. 1) 경외함 2) 회개 3) 겸손 4) 확신 5) 감사
3. 1) 일방통행적 2) 자기중심적인 3) 공적 4) 현세적
4. 1) 즉시 2) 기다리는 3) 안 된다 4) 다른 것
5. 1) 한적한 2) 용서 3) 끈질기게 4) 자원하는 5) 구체적 6) 기록

6과 정답

1. 1) 기쁜 소식 2) 예고하다 3) 가르치다 4) 증인 5) 제자 삼는다
2. 1) 탄생 2) 죽음, 부활 3) 회개, 구주 4) 나라 5) 재림, 심판
3. 1) ❶ 영혼 ❷ 소원 ❸ 다른 길 ❹ 명령
   2) ❶ 기쁜 일 ❷ 빚진 자 ❸ 위대한 일 ❹ 도전 ❺ 요구 ❻ 악한 일
4. 1) 패배 의식 2) 성공 3) 분주한 4) 부족 5) 은사
   6) 친목, 교제 7) 미숙, 훈련 8) 불신자 9) 더딘 10) 한기 11) 불확신
5. 1) 새벽기도 2) 전도자 3) 전도 훈련장 4) 핵심 멤버 5) 전도
   6) 1) ❶ 전도대상자 ❷ 선정 ❸ 중보기도 ❹ 인간관계 ❺ 복음 ❻ 세례
      2) ❶ ① 손쉬운 ② 소책자 ③ 자신감
         ❷ ① 죄 ②죄 ③ 속죄, 부활 ④ 회개 ⑤ 믿음 ⑥ 영접기도 ⑦ 결심

7과 정답

1. 1) 과정 2) 알곡, 가라지
2. 1) 에덴동산 2) 광야 3) 예루살렘 4) 고린도교회
4. 1) 선택 2) 교회법 3) 교육, 설득   5. 1) 소속감 2) VIP 3) 용납

8과 정답

1. 1) ❶ 인본주의 ❷ 신비주의 ❸ 형식주의
   2) ❶ 성경 곡해 ❷ 전통 부정
5. 1) 혼합적 2) 현세기복적 3) 신비 광신적 4) 국수주의, 자유주의
   5) 시한부종말론
6. 1) 만족 2) 전략 3) 호기심
8. 1) 교회 2) 신학 3) 교회 4) 확신 5) 영성

부록 | 전도에 도움이 되는 성경구절

창 1:1 | 태초에 하나님이 천지를 창조하시니라

창 1:27 | 하나님이 자기 형상 곧 하나님의 형상대로 사람을 창조하시되 남자와 여자를 창조하시고

요 1:1~3 | 태초에 말씀이 계시니라 이 말씀이 하나님과 함께 계셨으니 이 말씀은 곧 하나님이시니라 그가 태초에 하나님과 함께 계셨고 만물이 그로 말미암아 지은 바 되었으니 지은 것이 하나도 그가 없이는 된 것이 없느니라

골 1:18 | 그는 몸인 교회의 머리시라 그가 근본이시요 죽은 자들 가운데서 먼저 나신 이시니 이는 친히 만물의 으뜸이 되려 하심이요

롬 11:36 | 이는 만물이 주에게서 나오고 주로 말미암고 주에게로 돌아감이라 그에게 영광이 세세에 있을지어다 아멘

요 3:16 | 하나님이 세상을 이처럼 사랑하사 독생자를 주셨으니 이는 그를 믿는 자마다 멸망하지 않고 영생을 얻게 하려 하심이라

사 53:6 | 우리는 다 양 같아서 그릇 행하여 각기 제 길로 갔거늘 여호와께서는 우리 모두의 죄악을 그에게 담당시키셨도다

사 59:2 | 오직 너희 죄악이 너희와 너희 하나님 사이를 갈라 놓았고 너희 죄가 그의 얼굴을 가리어서 너희에게서 듣지 않으시게 함이니라

롬 6:23 | 죄의 삯은 사망이요 하나님의 은사는 그리스도 예수 우리 주 안에 있는 영생이니라

롬 3:23 | 모든 사람이 죄를 범하였으매 하나님의 영광에 이르지 못하더니

롬 5:12 | 그러므로 한 사람으로 말미암아 죄가 세상에 들어오고 죄로 말미암아 사망이 들어왔나니 이와 같이 모든 사람이 죄를 지었으므로 사망이 모든 사람에게 이르렀느니라

롬 3:10~12 | 기록된 바 의인은 없나니 하나도 없으며 깨닫는 자도 없고 하나님을 찾는 자도 없고 다 치우쳐 함께 무익하게 되고 선을 행하는 자는 없나니 하나도 없도다

롬 5:18 | 그런즉 한 범죄로 많은 사람이 정죄에 이른 것같이 한 의로운 행위로 말미암아 많은 사람이 의롭다 하심을 받아 생명에 이르렀느니라

사 1:18 | 여호와께서 말씀하시되 오라 우리가 서로 변론하자 너희의 죄가 주홍 같을지라도 눈과 같이 희어질 것이요 진홍같이 붉을지라도 양털같이 희게 되리라

잠 21:2 | 사람의 행위가 자기 보기에는 모두 정직하여도 여호와는 마음을 감찰하시느니라

막 8:36 | 사람이 만일 온 천하를 얻고도 자기 목숨을 잃으면 무엇이 유익하리요

잠 27:1 | 너는 내일 일을 자랑하지 말라 하루 동안에 무슨 일이 일어날는지 네가 알 수 없음이니라

잠 14:12 | 어떤 길은 사람이 보기에 바르나 필경은 사망의 길이니라

롬 5:8 | 우리가 아직 죄인 되었을 때에 그리스도께서 우리를 위하여 죽으심으로 하나님께서 우리에 대한 자기의 사랑을 확증하셨느니라

벧전 3:18 | 그리스도께서도 단번에 죄를 위하여 죽으사 의인으로서 불의한 자를 대신하셨으니 이는 우리를 하나님 앞으로 인도하려 하심이라 육체로는 죽임을 당하시고 영으로는 살리심을 받으셨으니

요 10:10 | 도둑이 오는 것은 도둑질하고 죽이고 멸망시키려는 것뿐이요 내가 온 것은 양으로 생명을 얻게 하고 더 풍성히 얻게 하려는 것이라

요일 1:9 | 만일 우리가 우리 죄를 자백하면 그는 미쁘시고 의로우사 우리 죄를 사하시며 우리를 모든 불의에서 깨끗하게 하실 것이요

마 4:17 | 이때부터 예수께서 비로소 전파하여 이르시되 회개하라 천국이 가까이 왔느니라 하시더라

롬 10:9~10 | 네가 만일 네 입으로 예수를 주로 시인하며 또 하나님께서 그를 죽은 자 가운데서 살리신 것을 네 마음에 믿으면 구원을 받으리라 사람이 마음으로 믿어 의에 이르고 입으로 시인하여 구원에 이르느니라

요 3:3 | 예수께서 대답하여 이르시되 진실로 진실로 네게 이르노니 사람이 거듭나지 아니하면 하나님의 나라를 볼 수 없느니라

요 1:14 | 말씀이 육신이 되어 우리 가운데 거하시매 우리가 그의 영광을 보니 아버지의 독생자의 영광이요 은혜와 진리가 충만하더라

요 3:36 | 아들을 믿는 자에게는 영생이 있고 아들에게 순종하지 아니하는 자는 영생을 보지 못하고 도리어 하나님의 진노가 그 위에 머물러 있느니라

요 6:63 | 살리는 것은 영이니 육은 무익하니라 내가 너희에게 이른 말은 영이요 생명이라

계 3:20 | 볼지어다 내가 문 밖에 서서 두드리노니 누구든지 내 음성을 듣고 문을 열면 내가 그에게로 들어가 그와 더불어 먹고 그는 나와 더불어 먹으리라

눅 19:10 | 인자가 온 것은 잃어버린 자를 찾아 구원하려 함이니라

요일 5:11~12 | 또 증거는 이것이니 하나님이 우리에게 영생을 주신 것과 이 생명이 그의 아들 안에 있는 그것이니라 아들이 있는 자에게는 생명이 있고 하나님의 아들이 없는 자에게는 생명이 없느니라

막 16:16 | 믿고 세례를 받는 사람은 구원을 얻을 것이요 믿지 않는 사람은 정죄를 받으리라

롬 10:13 | 누구든지 주의 이름을 부르는 자는 구원을 받으리라

딛 3:5 | 우리를 구원하시되 우리가 행한 바 의로운 행위로 말미암지 아니하고 오직 그의 긍휼하심을 따라 중생의 씻음과 성령의 새롭게 하심으로 하셨나니

요 3:17 | 하나님이 그 아들을 세상에 보내신 것은 세상을 심판하려 하심이 아니요 그로 말미암아 세상이 구원을 받게 하려 하심이라

눅 5:32 | 내가 의인을 부르러 온 것이 아니요 죄인을 불러 회개시키러 왔노라

행 3:19 | 그러므로 너희가 회개하고 돌이켜 너희 죄 없이 함을 받으라 이같이 하면 새롭게 되는 날이 주 앞으로부터 이를 것이요

마 1:21 | 아들을 낳으리니 이름을 예수라 하라 이는 그가 자기 백성을 그들의 죄에서 구원할 자이심이라 하니라

요 1:29 | 이튿날 요한이 예수께서 자기에게 나아오심을 보고 이르되 보라 세상 죄를 지

고 가는 하나님의 어린 양이로다

요 8:12 | 예수께서 또 말씀하여 이르시되 나는 세상의 빛이니 나를 따르는 자는 어둠에 다니지 아니하고 생명의 빛을 얻으리라

요 8:32 | 진리를 알지니 진리가 너희를 자유롭게 하리라

요 14:6 | 예수께서 이르시되 내가 곧 길이요 진리요 생명이니 나로 말미암지 않고는 아버지께로 올 자가 없느니라

롬 5:10 | 곧 우리가 원수 되었을 때에 그의 아들의 죽으심으로 말미암아 하나님과 화목하게 되었은즉 화목하게 된 자로서는 더욱 그의 살아나심으로 말미암아 구원을 받을 것이니라

히 13:8 | 예수 그리스도는 어제나 오늘이나 영원토록 동일하시니라

히 4:15 | 우리에게 있는 대제사장은 우리의 연약함을 동정하지 못하실 이가 아니요 모든 일에 우리와 똑같이 시험을 받으신 이로되 죄는 없으시니라

롬 4:25 | 예수는 우리가 범죄한 것 때문에 내줌이 되고 또한 우리를 의롭다 하시기 위하여 살아나셨느니라

롬 1:17 | 복음에는 하나님의 의가 나타나서 믿음으로 믿음에 이르게 하나니 기록된 바 오직 의인은 믿음으로 말미암아 살리라 함과 같으니라

롬 10:17 | 그러므로 믿음은 들음에서 나며 들음은 그리스도의 말씀으로 말미암았느니라

엡 2:8~9 | 너희는 그 은혜에 의하여 믿음으로 말미암아 구원을 받았으니 이것은 너희에게서 난 것이 아니요 하나님의 선물이라 행위에서 난 것이 아니니 이는 누구든지 자랑하지 못하게 함이라

요 5:39 | 너희가 성경에서 영생을 얻는 줄 생각하고 성경을 연구하거니와 이 성경이 곧 내게 대하여 증언하는 것이니라

행 4:12 | 다른 이로써는 구원을 받을 수 없나니 천하 사람 중에 구원을 받을 만한 다른 이름을 우리에게 주신 일이 없음이라 하였더라